团队成员 （按贡献程度排）

谈琦虹　朱颖燕　费红亚　金　欢　陈勇斌　姚芳华　钟丹枫

和润

德育

丛书主编

徐来潮　沈　旦　肖龙海

湖州四中德育团队

编著

Harmony
Symbiosis
educational Research

和合共生
教育研究丛书

ZHEJIANG UNIVERSITY PRESS
浙江大学出版社

前　言

第 32 届夏季奥林匹克运动会开幕前夕，国际奥委会表决通过了"巴赫议案"，将"更团结"写入奥林匹克宣言。我们耳熟能详的"更快、更高、更强"之后，又多了一个"更团结"！这一变化，意义深远。全世界的人们以"奥林匹克"之名，经由"更快、更高、更强"，抵达"更团结"。国际奥委会主席巴赫指出："当前，我们更加需要团结一致，这不仅是为了应对新冠疫情，更是为了应对我们面临的巨大挑战。当今世界彼此依靠，单靠个体已经无法解决这些挑战。"在这个不确定的新时代，我们需要更加团结，团结意味着尊重和平等，也意味着帮助、分享、关怀；团结才能使我们变得更强大，世界才能变得更加美好。

第 41 届联合国教科文组织大会发布了"教育的未来"倡议。作为"教育的未来"倡议的背景资料，联合国教科文组织专家研究发布《学会融入世界：为了未来生存的教育》报告，提出未来教育宣言，勾勒 2050 年后的教育轮廓。宣言呼吁，教育必须发挥关键作用，从根本上改变人类在世界中的地位和作用，从了解世界到采取行动，再到与周围的世界融为一体，实现教育范式的根本转变。

我们围绕着相互依存和相互联系的原则重新调整了教育，使每个人和每件事都成为地球生态社区的一部分。现在我们教育实践的特点是对"他者"开放——无论是其他人类，还是半机械人（cyborgs）和机器；建构全新生态立场，"欢迎惊喜，接纳希望，建立联系，容忍共存，并为新事物提供关怀"。学会与世界融为一体是一种情境实践，也是一种超越人类的教学合作。我们正满怀热情地与我们共处同一世界的人一起学习，作为共同改造世界的一种模式。

和合共生，协同共进。世纪之交，徐来潮开始担任湖州四中校长，20 余年来一直追梦在路上的他，站得更高、看得更远、格局更大，始终牢记育人的初心使命，坚持不懈实干创造美好未来：努力建成新时代学园、乐园和家园；聚焦生态社区，培养适应 21 世纪的时代新人，铸就属于"四中人"的独特教育文化品牌与文化标识。从教育生态系统到群体、个体，竞争长久存在并有可能导致优胜劣汰，但对教育生态系统而言，协同进化将永远是主流。"和合共生"成为徐来潮校长办学的核心理念与文化符号，从相互竞争到协同进化，建立管理者、教育者、受教育者以及社区人员广泛一致的共同愿景；从学校教育教学实际出发，推进"和合"文化建设，以"合心"突出内涵基础建设，以"合力"凸显人才培养，以"和美"打造浓厚氛围，引领校风师风学风建设，优化学校育人生态环境系统，以自然、和谐、开放、合作为基本遵循，全方位实现学校、社区与主体人的互融共进、共创共享、教学相长。

团队，用价值提升价值。人心齐，泰山移。团队文化的本质是人心向背，是人的思想观念，所以抓住"人"这个主题，以人为本，就是抓住了学校优秀团队文化建设的关键。每个人——教师、学生抑或家长融入团队，既为团队发展出谋划策、贡献思想与才智，又享受、获得群体智慧给予的启迪，和合共生成为学校优秀团队文化建设的风向标。"和谐"是一种状态、一种形式、一种外在的体现，是一个团队发挥最大价值的最有力保障；而能构建起和谐状态的内在框架则是一种动态的文化——"合作"。学校优秀团队文化的建设以"合"为本，以"和"为形，贯穿始终，最终走向"和合共生"的理想境界。

每一个团队成员成长的过程，都是在一定的社会文化环境里、在合作互动和资源共享的基础上形成整体学习合力，通过观摩和研讨、相互取长补短，在协作共享与反思对话的过程中实现对知识与人格的双向建构，呈现出从自我建构到共同建构再到自我重新建构的螺旋式上升的心理发展过程。这种浓浓的团队氛围随着时间的流逝，逐渐演变成一种文化传统，这种传统就像烙印一样烙在团队的每一个成员身上，成为一种识别不同团队的特殊印记和符号，并通过不断传承而生生不息。和合共生，已经成为学校优秀团队的文化基因、文化标识、文化符号。

和合共生，发展抱团行走的团队。教师发展学校，这是教育常识。单靠某个名师、某个学科、某个方面的成功，是难以支撑一所学校（集团）的成功，一所学校的健康发展必须依靠协同合作的优秀教师团队。和合共生的学校文化，融入学校教研组、年级组，甚至是备课组建设过程，发展出一个个合作程度、协同工作水平高，责任心强的优秀团队，这就决定了学校整体教育教学质量水平高、品质优、品牌响、口碑好。

有人说，一个人的成长有没有受到好的家风熏陶，是完全不一样的。有什么样的家风，往往就有什么样的价值观、生活观。对于不少人来说，家风甚至影响和决定了一生。

正因为有了组内伙伴们的陪伴，才有了教学生涯中的每一个第一次的顺利过渡，才有了后来更多的展示课，更多的业务比赛，更多的初三教学。随着笨小鸭一天天慢慢成长，集体从一个虚空无形的概念慢慢地变成一个有血有肉的真实存在。教研组的各种建设制度是这个集体的骨架，为组内各位成员认同的精神风貌、道德品质、整体气质和行为实践铸就了集体的灵魂，即社政组的风气，也就是我们的"家风"。

良好的家风不一定要写成语录或训诫，它其实就是社会老师所特有的、长期积累下来的习惯和气质。如果多观察、多体会，会发现良好的风气就在生活的每一个细节。据我这几年的观察，若让我概括我们组最让我动容的气质就是——公心。在一个团队里，组员之间是竞争者，每个人既是竞争者，又是合作者，只有当公心大于私心时，团队才能实现良性循环。[①]

上述成长手记，从一个侧面反映了学校重视与加强教师团队文化建设的过程，体现出教师优秀团队文化建设的成效，印证了学校倡导和合共生、打造优秀教师团队的精髓：成功靠自己，完美靠合作。

---

① 徐来潮：《和合共生：打造学校优秀团队文化》，北京：科学出版社，2017年，第102-103页。

　　和合共生，凝练学科教学改革特色。和合共生教育研究丛书第一辑推出的三本书——《和润德育》《和悦英语》《和趣科学》，就是在学校和合共生文化理念背景下，学科团队形成与发展的"和心""合力""和美"的教育教学实践探究结果。

　　《和润德育》是在学校"和合"文化基础上，面对学校的德育工作现状，倡导在和气、和谐中实施德育教育，在学生个体与他人、个体与社会、个体与自我之间，保存差异的基础上，通过不断求同存异、协同共进、扬长避短，从而真正实现共存、共进、共赢、共荣的目标。学校文化既是学校特色的内容和表现形式，又是和润特色涵养的氛围和环境。团队文化建设就是把个性各异的学生包容一起，不求相同但求相融，不求共同但求共享，不求一致但求和谐，建立一种虽有不同但相互认同，亦即"和而不同"的价值目标体系。团队精神是核心文化。换位思考，共同承担，相互尊重，开放合作，真诚关怀是基本行为方式。一课一润：学科渗透；一路有思：课程开发；一室芝兰：班级建设；一校有品：文化渗透；一木成林：活动渗透；一带生风：育人体系；一班之任：班导体系。这些是《和润德育》一书探讨的主要内容。

　　《和悦英语》基于对英语学科"育人价值"的深入拓展，在学校"和合共生"理念的引领下，为满足学生身心成长和健康发展的需求，英语教研组提出"和悦英语"教学活动观，即以"阅·悦·越"为英语教学活动的精神文化标识，融合课程知识与师生生命共同体，构建从英语学习体验中获得知识技能技巧、积极情感体验、心灵感悟慰藉和高阶思维发展的有效课堂，促使师生教学相长、共同成长进步，促进英语学科实践、学生发展核心素养落地，形成英语学科特色教研、教学与科研文化。"阅·悦·越"体现了英语学科教学特点，信息获取、梳理加工、整合内化、表达交流、创新迁移等活动指向明确，并积极促进英语学科学生发展核心素养的形成和提升。"和悦英语"主要探讨"阅"之基础、"悦"以成长、"越"至飞翔等英语学科教学理论与实践问题。

　　《和趣科学》基于现阶段义务教育教学改革要求和学生核心素养发展的需要，以学校"和合共生"育人理念为背景，不断传承与创新，逐步形成了自己学科教学的团队文化——"和趣"科学。"和"是学校的"和合共生"文化,即和谐、合作、合力以及和而不同,是打造"和趣"教研文化的保障;"趣"是科学教学的目标,指向教学的乐趣、学生学习的兴趣以及学生核心素养的发展,是"和趣"教研文化的最终指向。结合科学学科的趣味性、思维性和探究性,教研组通过打造和趣团队、构建和趣课堂、搭建网络学习平台以及开发实施和趣课程等四大途径,创设"和谐、趣味、和合共生"的教学、教研与科研氛围,以教学的趣味性来激发学生的学习兴趣,发展学生的高阶思维,培养学生的创新精神与实践能力,进而提高学生的科学素养。真正将"教科学"转变为趣学、乐学科学,提升学生科学素养,形成与发展学校科学学科特色教研文化。

《和趣科学》与同类书籍相比,它不仅有"和合共生"文化理念指导,同时它的案例部分更加丰富和生动,呈现出一个教研组教学、教研与科研的常态,为中小学校教研组的教学、教研、科研工作提供有价值的参考。学校科学教研组在教学、教研、科研的改革过程中形成的品牌——"和趣"科学,在几年内迅速发展成为区域内最具影响力的教研团队,教研组研修案例全省推广,2019年被评为"浙江省先进教研组"。

和合共生,建设协作对话教育生态。和合共生教育研究丛书由徐来潮书记、沈旦校长、肖龙海教授主编,第一辑三本书由学校德育、英语、科学学科团队合作撰写。浙江大学教育学院肖龙海教授为本项目研究与实践提供理论支持,并参与指导实践推进过程。浙江大学教育学院副院长孙元涛教授,浙江大学人文学院副院长、教育部青年长江学者王俊教授,参与指导"和合共生"理论与实践研究工作,并对书稿撰写提供具体指导框架与意见。"和合共生"教育研究项目的提出、生成与不断推进与发展,是大学—中学伙伴合作、理论与实践相结合的又一次成功实践范例。浙江大学教育学院盛群力教授、刘徽副教授,浙江大学心理学系杨宏飞副教授;华东师范大学教育学系宁本涛教授;华中师范大学教育学院陈佑清教授、郭元祥教授;浙江省教育厅教研室副主任张丰,浙江省教育厅教育评价部副主任沈启正;杭州市教育局教研室主任曹宝龙,西湖区保俶塔实验学校特级教师张英飞、西湖区教育研究院特约研究员胡美如，下城区景城实验学校副校长周慧，滨江区教育研究院特级教师陈忠文；宁波市江东区教研室特级教师潘小梅；湖州市教科研中心初中科学教研员汪永泰，吴兴区教育局研训中心副主任、初中科学教研员侯小英等一大批高等院校知名专家学者、杭州与宁波一大批知名特级教师与高级教师，或在杭州或在学校现场，为学校教师的专业发展贡献了宝贵的思想、智慧与成功经验，如果说，湖州四中教育集团教师在专业发展上站在了一个新的高点、进入了一个新的发展阶段，这些高等院校的专家学者、一线名师劳苦功高。我们不仅要为我们自己的努力鼓掌，更要为他们的大力支持与付出鼓掌、点赞！和谐对话、协同共进，共创共享共赢美好未来！

我们还要特别感谢浙江大学出版社吴伟伟编辑，她对这套丛书的出版给予了热情鼓励、大力支持并付出了辛苦的编辑工作；湖州市吴兴区教育局有关领导，以及其他许许多多没有一一提及的有关人士，对于大家的支持与关心，在此，一并致以衷心地感谢。

由于时间以及我们的经验、水平所限，书中纰漏不当之处在所难免，请广大读者不吝批评指正。

肖龙海

2021 年 8 月

目 录

CONTENTS

导 论

"和润"德育观

一、何为"和润"

（一）"和"：和气、和谐

"和"的本义与音乐有着密切的关系。《说文解字》道："和，相应也，从口，禾声。"因此，"和"字在古代又写作"咊"，本义为"应声相和"，也意为乐音的"谐和"。从词源学的角度对"和"进行考察，我们可以发现其与"龢""盉"二字有着深厚的渊源。在一定程度上，"和"字是在吸纳了"龢""盉"二字之义的基础上演化而来的，从而具有了"调""谐""和谐""和睦"等义。郭沫若认为"龢"为正字，"和"为后起，并说："龢之本义必当为乐器，由乐声之谐始能引出调义，由乐声之共鸣始能引申出相应义。"[①]

到春秋时期，"和"的意义从音乐领域延伸到了政治、伦理、艺术等领域。通过引申，"和谐"成了"和"的中心义，并辐射到人、事、社会、自

---

① 郭沫若. 甲骨文字研究. 释和言 [M]// 郭沫若全集：考古编 1. 北京：科学出版社，1982：93.

然等各个方面，呈现出多元化的倾向。"和"字逐渐涵盖了调、谐、谐和、协调、和谐、谐调、适中、恰好、和睦的状况、和谐的境界等义，另外还具有主动的"应和"之义。[①] 如《周礼·天官·大宰》言"三曰礼典，以和邦国"，《论语·学而》言"礼之用，和为贵"，《孟子·公孙丑下》言"天时不如地利，地利不如人和"，这里的"和"指的即是人与人的融洽、和睦和团结，彼此协调而达到像音乐一样和谐。[②] "和"是中国人的文化血脉。对于中国人来说，以和为贵、与人为善、信守和平、和睦、和谐，是生活习惯，更是文化认同。

春秋初期，管仲明确提出"和合故能谐"的和谐观念，不仅具有引导国家政治的社会意义，而且这种推及家庭伦理，倡导父母、夫妇"不失其常""中和慎敬"的和谐思想，在客观上也为中华民族和谐文化价值观的实现，铺设了从个人到家庭直至社会的基本架构。

在古代儒家的思想体系中，无论是人类社会，还是客观世界，都是建构在"中""和"的基础之上。

根据《左传·昭公二十年》记载，"和"与"同"相异，齐景公有一个叫梁丘据的宠臣，齐景公认为只有他和自己"和"，晏婴对此进行了反驳："据亦同也，焉得为和？"引发了他与齐景公之间的一段有关"和"与"同"之辩的对话：

> 公曰："和与同异乎？"对曰："异。和如羹焉，水、火、醯、醢、盐、梅，以烹鱼肉，燀之以薪，宰夫和之，齐之以味，济其不及，以泄其过。君子食之，以平其心。"（《左传·昭公二十年》）

这个例子中，"和"成了一种手段。在晏婴看来，让不同的因素和谐地互补与共存才是达到味美的途径，也是治国时取得"政平"的手段。《论语·子

---

① 王育平，吴志杰.中国传统"和会"文化探源 [J].南京理工大学学报（社会科学版），2019（1）：87.
② 郭齐."和会"论析 [J].四川大学学报（哲学社会科学版），1992（2）：23.

路》所言"君子和而不同，小人同而不和"也明确表露了这个意思。① "和"的"和谐"之义的前提是存在不同或差别，因其不同，所以需要调，需要谐，最后才会有和。总之，"和"意味着一种互补式的共存关系，是一个动态的生成过程，而"同"是指无差别，是静态的。②

在人与人的关系上，中国传统文化主张和而不同，寻求人与人之间在保持差异的基础上达成统一与和谐。孔子所谓的"和而不同"强调的正是在保持个性精神基础上的和谐与统一。《论语·述而》言"子与人歌而善，必使反之，而后和之"，"和"就是指亲善友爱的关系。

在人与社会的关系上，中国传统文化主张公正平等，寻求建立人人各得其所的大同社会。《礼记·礼运》中对"大同社会"的描述是："大道之行也，天下为公，选贤与能，讲信修睦。故人不独亲其亲，不独子其子；使老有所终，壮有所用，幼有所长，鳏、寡、孤、独、废疾者，皆有所养；男有分，女有归。"尽管这种美好的愿望在存在剥削阶级的社会里缺乏实现的可能，但其中蕴含的和谐理念却有着超越时空的价值和意义。

在人的身心关系上，中国传统文化主张加强修养，以实现身心的和谐。东汉史学家荀悦在《申鉴·杂言上》中认为，君子应当"食和羹以平其气，听和声以平其志，纳和言以平其政，履和行以平其德"。"和"在此讲的就是和谐、和顺、和美、和睦。

几千年来，无论是修身、齐家还是治国、邦交，中国人都奉行"和"的价值观——和蔼可亲、和颜悦色、和气致祥、和睦相处、和衷共济、和平共处、家和万事兴。可见，"和"文化完全融入了中国人的血液，早已深入中国人的灵魂。

社会主义核心价值观将"和谐"作为国家层面的价值要求提出，既是对中国传统文化的继承，更是创新社会治理、实现政治文明的要求。和谐，

① 刘关军，姜华. 让德育的光芒悄悄润泽校园 [J]. 中小学德育，2013（12）: 54.

② 闫瑞，贺艳霞. 教育的境界——无痕教育 [N]. 中国教育报，2014-06-30（11）.

是中国古人的一种社会理想，是植根于东方文化的一种独特价值追求。但是传统中国始终未真正实现"和谐"，其根本就在于封建制度未变，"人治"模式没有变。今天，我们要构建和谐社会，就需要在治理层面上不断创新。

和谐的集体绝不是一个没有利益冲突的集体，而是一个有能力化解利益冲突的集体，实现这种调节和均衡就必须靠"法""德"相辅相成。法治是和谐的基础，是判断和解决矛盾纠纷的根本依据，而"德治"则是和谐的内在要求。一个社会是否和谐，一个国家能否实现长治久安，很大程度上取决于全体社会成员思想道德素质的高低。没有共同的理想信念，没有良好的道德规范，是无法实现社会和谐的。"和谐"不代表没有矛盾，而是能以"德""法"来有效解决矛盾。而今，学校德育也需实现法治与德治的相辅相成，才能达到最佳的效果。

因此，在"和合"文化的基础上，面对学校的德育工作现状，我们提出了"和润"德育，倡导在和气、和谐中实现德育教育，在学生个体与他人、个体与社会、个体与自我之间，保存其差异，不断实现共存、发展、繁荣。

（二）"润"："润人"后的"人润"

"润"的本义是雨水下流，滋润万物。《说文解字》道："润，水曰润下。"《广雅》道："润，渍也。"润还有"浸润"的意思。"润"强调的是无痕，"滋润"与"浸润"略有区别，两者除共同强调润物方式的无痕之外，前者强调慢慢渗透，后者强调润物是需要一段时间的，并非一蹴而就。在方式上，"浸"讲究"沉浸"，需要对象全身心地投入其中，才能达到"润"的效果。《论语·颜渊》有言："浸润之谮。"朱熹集注："浸润，如水之浸灌滋润，渐渍而不骤也。"说的便是"沉浸"义。其实对于"润"字的理解，人们还常常会提起唐代诗人杜甫《春夜喜雨》中"随风潜入夜，润物细无声"这两句诗。诗中"润"字的解释就在于其特点是细微、无声，是一种默默涵养的行为方式。

从行为方式上看，"润"与"灌"有着本质的区别。同样是水对万物的涵养，但"润"是遵循事物本质与生长发展规律的，是无声无痕的一种柔性手段；而"灌"是"浇"，是对事物表面的大量输入，并不考虑其接受与否，有强制的意味，因而是一种刚性手段。

以上对于"润"字的解释，还都停留在行为、动作、方式上。其实，"润"还是一种无声的行为所产生的结果。《广雅》道："润，饰也。"也就是说，"润"有修饰的意思，使被修饰的对象"有光彩""细腻光滑"。汉代王充《论衡·是应》道："彼露味不甘者，其下时，土地滋润，流湿万物，洽沾濡薄。"雨水湿润了万物，使之不干燥，这实际上也是对"润"的结果的一种阐释。因为有了"滋润""浸润"，所以经过一段时间，被"滋润"、被"浸润"的对象就会得到一定程度的修饰，变得"有光彩""细腻光滑"。

佐藤学先生在《静悄悄的革命》一书中，提倡"润泽的教室"。他指出，"润泽"这个词表示的是润湿程度，表示那种"安心的、无拘无束的、轻柔滋润肌肤的感觉"。实质上，"润泽"同样适用于学校德育。因为，只要"师生关系、同伴关系非常柔软"，教师在德育活动中让"每一个学生连带在一起，节律一致，息息相通"时，我们就一定能摒弃那种"缺少人情味的硬邦邦、干巴巴"的德育，摒弃那种"吵吵闹闹、关系僵硬、气氛沉闷、学生的身体坐得笔直笔直"的德育，摒弃那些不重实效的"形式德育"、不重体验的"言语德育"、不切实际的"主旨德育"和不重学生的"单边德育"，在追求"成人"而不是"成事"，追求"养成"而不是"速成"，追求"内化"而不是"外塑"，追求"润泽"而不是"浇灌"的"润泽德育"中，达至立德树人、润泽生命的境界。[①]

追寻"无痕德育"情境，并非要求一切"无痕"，而是要把耳提面命式的、强行灌注的德育情境变成柔性的、弹性的。以"有痕"之径，臻于"无痕"之境，即"语言感染无痕、行为示范无痕、心灵碰撞无痕、环境熏陶无痕"。也就是在育人的方法与过程中，不能给学生留下伤痛与裂痕，春风化雨、润物无声，以柔性教育、审美教育、情境教育构画成"无痕教育"的版图，共同指向一个目标，那就是消弭学生学习的压迫性痛苦，培养完整的

---

① 孟平萍.春雨润物细无声——品德教学追求德育无痕 [J].中小学教师培训,2015（4）:72.

人生，引领学生走向积极人生。"路径有痕，情境无痕"，德育活动依然需要教师进行设计与引导，而德育意图要不被学生排斥。

教育是一门科学、一种策略，更是一门艺术、一种智慧。教育的本质意味着一棵树摇动另一棵树，一朵云推动另一朵云，一个灵魂唤醒另一个灵魂。成功的教育应该让孩子在自悟自觉中走出困惑和无助的状态，于不知不觉中获取真知，学会做人，这样的教育效果肯定会明显而持久。

二、德育现状

在党的十九大报告中，习近平总书记明确指出"要全面贯彻党的教育方针，落实立德树人根本任务"，强调"要以培养担当民族复兴大任的时代新人为着眼点"，培育和践行社会主义核心价值观，引导青年"有理想、有本领、有担当"，更好地"构筑中国精神、中国价值和中国力量"。因而，学校应把立德树人的成效作为检验学校一切工作的标准，要把立德树人内化到学校建设和管理的各领域、各方面、各环节，真正做到以文化人、以德育人。

教育改革发展至今，从过去的应试教育到如今基于"以人为本"的理念，提倡全面发展素质教育，教育者和受教育者都已逐渐转变教育理念和方式。但是，我们必须看到，学校强制教育和个体发展等传统的德育方式仍是当下教育的主流，在我们培养具有社会主义核心价值观的新时代人才的路上还有不少问题值得探讨，学校德育现状并不理想。

（一）校园"戾气"冲击着德育的成效

所谓"戾气"，指的是一种倾向极端的心理或风气。目前在学校里，极端心理和极端的风气并不鲜见。

1. 层出不穷的问题

以湖州四中《青少年自评量表（YSR）》心理测量为例，在接受调查的2077名学生中，心理健康状况检出率较高，在躯体症状、退缩行为、幻想、滋扰四项上，问题倾向较为明显。其中躯体症状主要反映学生个体在面对压力、学习紧张、人际关系不佳、不安、焦虑等各种不适的情况下会出现的一种身体反应。退缩行为主要反映学生个体表现出孤僻、胆小，退缩，不愿与其他人交往，更不愿到陌生的环境中去，把自己封闭起来以获得安全感。被筛选出的该类学生有可能会因为在校园生活中遇到挫折而出现不想上学、自伤、情绪失控等情况。幻想方面主要反映学生个体以自我为中心，沉湎在自我的世界中，过度自我控制和自责。被筛选出的该类学生可能会因为自我了解的偏差，难以较好地管理自己的人际关系和学习任务。滋扰行为主要反映学生个体在班级群体生活中，难以遵守课堂纪律，多动、插嘴、注意力难以集中，在班级生活中喜欢滋扰、捉弄同学，易激惹，引发冲突。总体而言，在这些方面筛选出的这部分学生缺少安全感，易封闭自己的情感，且遇到突发事件时会更容易出现生理上的反应，行为习惯较差、不遵守课堂纪律的情况也会时常发生。此外，这类学生在面对挫折时，常常不知所措，甚至萎靡不振，短时间内无法恢复；总是感到信心不足、怀疑自己，觉得自己一无是处、毫无价值；遇到困难时，能倾诉分享的朋友不多，很难获得别人的帮助，这让个体感到更加迷茫、失落与无助。这样的学生需引起足够的重视和关注。

2. 不和谐的师生关系

德育应该遵循学生身心发展的规律，极端的教育方式可能对师生关系产生严重的影响。比如，教师一味追求学生升学率，忽视学生情感的需要，可能导致师生之间的不信任，这对正常的教学秩序、学生的健康发展都会产生极其不良的后果。

以学校毕业班学生问卷调查为例，在 584 位学生对初中学习、生活的评价中，有 62% 的学生希望老师可以多给他们一点空间，若是过度关注或者干涉太多，反而会造成学生的不适，最终可能难以达到教育的效果。有 82% 的同学在接受老师教育时希望老师能理解学生，找到问题的原因，并鼓励自己改正，这样的方式更能促进自己改进（见图 0-1）。在发生问题，班主任与学生沟通时，只有11%的学生选择班主任严厉批评、请家长、基本不管学生，事情严重就让家长带回家的选项（见图0-2），这正表明了学生不希望教师采取比较极端的教育方式，希望得到教师的尊重和理解。而在调查中我们也发现在班主任是否公正处理班级事件的问题上，还有29%的学生觉得班主任有时候不能做到公正，这说明老师还有更多的努力空间。

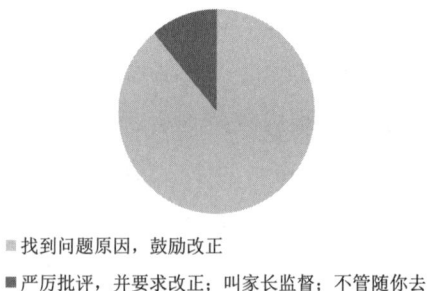

■ 找到问题原因，鼓励改正

■ 严厉批评，并要求改正；叫家长监督；不管随你去

图0-1 毕业班学生问卷调查统计：学生愿意接受的教育行为

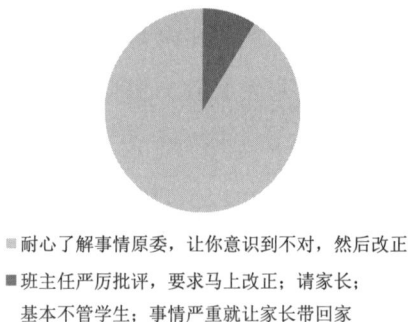

■ 耐心了解事情原委，让你意识到不对，然后改正

■ 班主任严厉批评，要求马上改正；请家长；
基本不管学生；事情严重就让家长带回家

图0-2 毕业班学生问卷调查统计：学生喜欢的沟通方式

此外，个别教师缺少纪律观念，心中无组织；服务意识淡薄，以自我为中心；缺少团队协作精神，人际关系紧张；价值观有偏差，物质利益至上。这些问题也影响着师生关系，阻碍德育工作的开展。

（二）德育"匠气"阻碍着德育的发展

目前，中小学德育普遍存在管理化倾向，甚至以学生行为管理替代德育，把管理的目标和德育的目标相等同，把常规管理量化考核与惩戒作为德育的主要手段，对学生品德的评价方式随意片面，普遍存在着以"管"代"育"、以"分"代"育"、以"惩"代"育"的现象。

1. 管理目标和德育目标相等同

在一些学校管理者和教师的潜意识中，一切管理都围绕提高考试分数这个中心，认为把学生管理得守纪律、讲规矩、爱学习，不给班级和学校添乱就万事大吉。只抓"管理"而忘了"训育"，总是"点到为止"，缺少耐心的疏导，也缺少对问题的防范，因而总是在面对学生问题时措手不及。

2. 把量化考核作为德育的主要手段，以纪律得分或考试成绩代替品德评定

很多学校都制定了严厉而详细的校规校纪："不准吃零食""不准留长发""不准带手机""严禁吸烟""严禁赌博""严禁打架斗殴"……学校用常规管理量化考核来维护校规校纪的权威，班级得分是评选优秀班级和考核班主任工作的主要依据。品德评价常常被简单化、粗暴化，或直接将学生的纪律得分划分为优秀、良好、合格、不合格几个等级，或对学生的评语千篇一律，或是将思想品德科目的考试成绩作为学生的品德得分，甚至参考学习成绩，凭主观印象直接给学生品德划分等级。

3. 管理方式、管理途径单一

不根据社会、学校的发展及学生的变化开展德育教育。德育管理方式总是比较随意，遇到问题才去想办法解决，导致德育滞后性比较严重。德育主体力量往往是班主任与任课教师，管理途径单一化，仅仅依靠教师个别辅导或者班会来解决各种各样的学生问题，致使德育效率比较低。

4. 育人队伍迅速年轻化

集团化学校发展过程中无一例外都会面临由于扩张而导致的问题。以湖州市第四中学教育集团为例，随着校区数的增加，班级数也从原先的40多个增至目前的80多个，班主任队伍成为地区内初中学校最庞大的一支。原有的师资无法满足正常的办学，学校不得不大量招收新教师。近年来，新教师每年以20人左右的幅度递增，新班主任的比例也随之水涨船高。以2018

年初一年级组为例：学校 24 个班级，新班主任数为 11 人，约占 46%。这 11
人中，又有 7 人是第一年走上讲台，约占 64%。这支"90 后"新生代德育队
伍面临的最大挑战，就是年轻。"90 后"对新事物的接受能力较强，是大力张
扬个性的一代人，也是普遍缺乏温暖感与亲切感的一代人。当具有强烈时代
特色的"90 后"与传统意义上的教师角色相互碰撞时，挑战随之而来。

（1）教师重理论缺实践。政府教育部门全面组织实施中小学新任教师
培训，新教师从中进一步学习与巩固了教学理论。但刚离开学校走上工作
岗位的新教师，不缺系统的理论知识，缺少的是教育教学的实践。

（2）新教师被要求速成。青年教师的成长也是立德树人的一个环节。
正常情况下，一位年轻老师的成熟至少需要三年，但现实的社会期许与新
教师的实际成长周期产生了极大矛盾，他们往往被要求一站上讲台就能独
当一面。

（3）新教师具有孤立感和焦虑感。除教学工作以外，新生代班主任还
要面临班主任工作岗位上可知与不可知的困难与压力，内心的孤立感与焦
虑感很可能会将他们推至更无助的境地。

"戾气"和"匠气"的存在与蔓延，会让我们的德育变得生硬、呆板、没
有活力。如何提高德育教育的针对性、实效性、创新性，完善教师工作方
式，克服德育方式的呆板，让德育化作一股和润的春风，吹进师生的心里，
用无声无痕的德育浸润心灵，成为摆在德育工作者面前的新课题。基于这
样的背景，我们试图通过研究和实践"和润"德育管理模式，探究出一套系
统且有效的管理模式，用"和润"来"润人"。

三、"和润六义"

（一）"和润六义"的缘起

德育目标是通过德育活动在学生品德发展上达到的总体规格要求，亦
是德育活动所要达到的质量标准。这是"和润"德育工作的出发点和落脚

点，它不仅决定了学校德育工作的内容、形式和方法，而且制约着德育践行的基本过程。

初中阶段的学生，其世界观、人生观、价值观的完善尚处于关键期。在这特殊的时期内，若仅关注他们的学业成长，而忽略德育的滋养，学生无法形成完整的人格。"欲修其身者，先正其心；欲正其心者，先诚其意。"学校倡导在教育的全过程贯彻立德树人的教育思想，强调知识与品德并举。在德育实践中，学校创设"和润"德育体系，并提出"和润"德育目标——"和润六义"，身心健康、心系家国、温润通达、和而不同、乐于学习、善于合作。

（二）"和润六义"释义

1. 身心健康

生命可贵，以其健康为重。能够以刚健之体态抵御风吹雨打，以乐观之心态战胜挫折磨难，以科学之常识驱除蒙昧无知，以尊重之态度善待自然万物，即所谓身心健康。

2. 心系家国

中华儿女，当以家国为先。常怀感恩之心，一粥一饭，当知社会有道；常思幸福之源，一言一行，当明祖国有法；常行奉献之事，一点一滴，力求青春有为。

3. 乐于学习

勤而好学、雅好诗文、趣学数理、巧思创新，且看历史变迁，且听古语有言，且思智者之辩。感受学习的激励和知识的魅力，赢得修养满腹，精神饱足，做社会前进的助推者和时代长河中的弄潮儿。

4. 善于合作

君子有为，循以互助之道。品自高远，亦可同善人语，与贤者共。实践之下，同行者可相伴为友；活动之中，先行者能惜遇为师。善与人相合，方能各美其美；善与人协作，方能美美与共。

5. 温润通达

文明者，温润有原则，通达不叛逆。能扬校园正气，亦守规范纪律；能树优秀榜样，亦养勤俭美德。

6. 和而不同

生而不同，亦可和合共生。发现独一无二的自己，悦纳与众不同的存在，欣赏丰富多彩的生命。发现、悦纳、欣赏，让不同和而共生。

"心系家国"是社会参与层面的根本要求。德育工作重视学生的社会参与，因为社会性是人的本质属性。社会参与，重在强调能处理好自我与社会的关系。现代公民应遵守道德准则和行为规范，增强社会责任感，提升创新精神和实践能力，成为有理想信念、敢于担当的人。

"身心健康""乐于学习""善于合作"是自主发展层面的基本准则。德育工作重视学生的自主发展，因为自主性是人作为主体的根本属性。自主发展，重在强调能正确认识并有效管理自己的学习和生活，认识和发现自我价值，发掘自身潜力，有效应对复杂多变的环境，成为有明确人生方向、有生活品质的人。

"温润通达""和而不同"是文化层面的理想状态。德育工作重视学生文化基础的夯实，因为文化是人存在的根和魂。文化基础，重在强调能够习得人文、科学等各领域的知识和技能，掌握和运用人类的优秀成果，涵养内在精神，追求真善美的统一，成为有宽厚文化基础、有更高精神追求的人。

"和润"学子，对学校、家乡、祖国应该有其归属感、使命感；对自我应该有其自豪感、成就感；对他人应该有其亲近感、责任感。"和润"学子，应更独立，更自信，更自强，可以很快融入一个团队，也可以在一个团队中坚持自我、团结伙伴、共同成长。

第一章

一路有思: 课程开发

立德树人是教育的根本任务，而推进这项根本任务的重要载体就是教材。教材要立足于新时代立德树人的根本任务，突出社会主义核心价值观的引领，加强中华优秀传统文化教育、革命传统文化教育、法治教育、国家主权意识教育、民族团结教育等，引导和帮助学生把握好人生方向。学校要充分重视课程的育人功能，利用课堂教学主阵地，发挥"人人都是德育人"的育人机制，指导各学科教师将德育内容落实在学科教学目标之中，渗透进学生心里。

第一节 "和润"德育课程体系

"一方水土养育一方人。"校园生活是每个人很宝贵的回忆，这样的家乡情和校园记忆会深深地影响着一个人的成长。教育部 2001 年印发的《基础教育课程改革纲要（试行）》规定："改变课程管理过于集中的状况，实行国家、地方、学校三级课程管理，增强课程对地方、学校及学生的适应性。从小学至高中设置综合实践活动并作为必修课程，其内容主要包括：信息技术教育、研究性学习、社区服务与社会实践以及劳动与技术教育。"因此，结合学校校园文化，发挥地方资源优势，发掘乡土人文资源，开发设计校本德育课程势在必行。

一、"和润"德育课程内涵解读

"和"与"润"既是德育的手段，也是德育的目的。也就是说，德育工作不是"散兵作战"，也不倚靠"语重心长"，更不迷信"严刑峻法"，而是在"和合共生"理念下的"和润"德育，即通过制度环境、个性辅导、团体活动、家校合作等共同作用，让学生能够在学习中树德，在活动中锻炼，在合作中完善，潜移默化，最后成长为身心健康、心系家国、善于学习、善于合作、温润通达、和而不同的有为少年。

二、"和润"德育课程目标与内容

"和润"德育课程的总目标是培养身心健康、心系家国、善于学习、善于合作、温润通达、和而不同的有为少年。

（1）身心健康，包括珍爱生命和健全人格两方面。珍爱生命，即在亲身实践中，理解生命意义和人生价值；具有安全意识与自我保护能力；掌握适合自己的运动方法和技能，养成健康文明的行为习惯和生活方式等。健全人格，即能正确认识和评估自己，形成积极的心理品质，自信自爱，坚强乐观；能正确应对压力与挫折，管理和调节自己的情绪等。

（2）心系家国，即能将个人的成长融入时代中、社会中，坚定理想信念，深植家国情怀，把报效祖国、服务社会与人民作为毕生追求，肩负起民族复兴的伟大责任。

（3）善于学习，即乐学善学、勤于反思，具有信息意识，养成终身学习意识，善于选择适合自己的学习方法，学会评估调控自己的学习过程，适应未来社会发展。

（4）善于合作，即能化"和合共生"校园文化于心，学会在团队中合作，用价值提升价值，在合作中促进个人与团队共生发展。

（5）温润通达，即具有温润如玉、宽容豁达的君子之风，对他人友善，思想通达，善于变通，最终能"润己润人"。

（6）和而不同，即君子"和而不同"，"和"指修养，"不同"指能力。和而不同，既能与他人和谐相处，又能保持自身个性与观点。

基于此目标，"和润"德育课程设置了相应的课程结构，如表1-1所示。

表1-1 "和润"德育课程结构

目 标	课程设置		
	七年级	八年级	九年级
身心健康	心理课开篇：适应新环境	青春期知否知否	中考，我准备好了
	生命教育、防溺水教育、消防教育、禁毒教育、网络安全教育、应急演练、急救知识讲座、健康卫生教育、食品安全教育、劳动教育		
心系家国	"穿越湖城"、"感动中国"、时政天天知（电子屏）、"和润"传统节日课程		
善于学习	社团类课程		
善于合作	小组合作 1.0 版	小组合作 2.0 版	小组合作 3.0 版
		"和润 V&E 实践课程"	
温润通达	新生适应性研学课程	行为规矩养成进阶课程	毕业巡礼展示课程
	感恩类课程、仪式教育、法制教育		
和而不同	科艺文体活动		

三、"和润"德育课程推进与实施

不同于国家规定的课程，德育课程的重要性在很多人心中并没有得到应有的认识。因此，德育课程的推进与实施是摆在德育工作者面前的一大难题。那么，推进德育课程需要注意什么呢？

（一）保证课程实施的时间——全程德育

德育课程开展应充分保证周一晨会、周四班队会、每周活动课、每天思想教育时间、其他德育活动开展时间等，以及教师与学生心灵交流和思想沟通的时间与机会，让无痕德育贯穿于日常教育的点点滴滴，起到全程德育、润物细无声的效果。

（二）保证课程实施与学科教学相结合——全员德育

注重课程实施与学科教学相结合。根据各学科教材内容、教法特点的共性与个性，挖掘内涵，找准结合点，使课堂教学与校内外活动有机结合，使学生在掌握知识、技能的基础上，更有自信地参加活动，并在活动中运用知识技能动脑思考、动手体验、收获感悟，进一步提高教育效果，做到人人都是德育人，形成良好的校园德育氛围。

（三）保证课程实施与教育阵地相结合——全方位德育

注重课程实施与教育阵地相结合。校内外的教育阵地林林总总，有些看似无声无力（电子屏、橱窗、板报等），但是环境影响的力量、持之以恒的效果是不容忽视的。因此，课程实施应充分利用各类阵地，借助生动活泼的形式把学生在活动中的内心体验和收获充分展现出来，让不同个性、不同特长和不同思维方式的学生均得到充分发展，以达到课内外、校内外相融合。

此外，课程实施还少不了一套合适的评价体制。在保障课程时间、人员、阵地的基础上，良好适时的评价能有效促进课程的进一步开展，此可谓相辅相成。湖州四中在推进"和润"德育课程实施的过程中就进行了"和润"评价机制的探索。

表扬单、期末评优体系：借助表扬单、行为规矩卡、男女生卡、星星卡等进行德育奖励，鼓励班级进行个性化创新，激发学生外驱力。

利用校园电子屏、橱窗、板报、广播时间、班队会、年级大会等形式，鼓励先进，展示学生行为规范、个性特长等方方面面的亮点。

在规范素质报告手册的基础上，打造德育课程评价体系，通过教师、学生、家长三位一体对学生成长进行评价，保障德育课程实施。分年级设计"生命红、天空蓝、秋实黄"的学生个人成长纪念册，侧重德育养成，形成学生发展过程性评价。

第二节　特色子课程的开发

　　学校在实施校本德育课程时，还可以充分利用社会与地方课程资源，统筹安排好地方课程和校本课程。我们可以把"大社会"写进校本教材，用脚步去丈量大地，用实践去体验道德文化。把"家乡味"引进校本德育课程，让学生明白自己的"根"在哪里，不忘故里，传承家乡情。

一、实践探索

　　古语云："读万卷书，行万里路。"宋代诗人陆游在其教子诗中写道："纸上得来终觉浅，绝知此事要躬行。"明代哲学家王阳明提出："知行合一。"自古以来，中国的教育一直强调理论和实践相结合，认为实践才能出真知。

　　实践育人主要是让学生参与社会实践活动，从而获得道德体验。学校组织学生走出教室、走出校园，在社会实践活动中增强社会责任感，培养创新精神和实践能力。

　　（一）认知与实践并重——知行合一

　　德育要求知、情、意、行有机统一。校本课程属于经验课程，注重实践活动。这符合德育要求体验感悟的特点，但又不能缺少认知环节，离开"知"的传授与引导，单纯让学生进行体验活动，学生会受错误思想的诱惑而迷失方向。我们开发的实践类德育课程，不仅能依托校本课程"行"的优势开展德育活动，而且注重让学生去亲近自然、探索科学、了解家长。

　　湖州四中"V&E"实践课程主要包括社会实践篇、研学篇、志愿者活动篇三大体系，真正做到将课堂延伸至校外，学生用眼睛观察世界，用脚步丈量世界，为未来跨入社会做好准备。

（二）"经线"与"纬线"并行——"编织"世界

我们根据时间主线逐月安排专题内容，围绕"社会参与"这一核心素养设置了"社会实践""生涯规划""志愿者服务"等专题板块。社会实践板块，以国防研学为例，学生通过实践增强国防意识，加深爱国爱家的情感。生涯规划板块，学校组织学生赴浙江大学、上海交通大学等知名大学开展研学活动，在参观与体验中，认识学科与专业，从而培养专业生涯规划的理念。志愿者服务板块，学校通过"I Volunteer"志愿者团队号召学生进行公益志愿服务，比如敬老孝亲志愿服务，学生走进敬老院，走访社区孤寡老人；关爱儿童志愿服务，学生走进福利院、特殊学校等。

这种安排使整个专题内容在纵向以时间为纬，逐月推进，构成系列；在横向以三大板块为经，围绕核心，环环相扣，融为一体。整个内容经纬交织、纵横相连，社会需要与学生自我发展需要有机结合，构成了一个有机统一的整体，深度阐释了"感恩""责任""担当"之要义。

（三）统一与个别并举——和而不同

"和润"德育倡导学生善于学习、善于合作、温润通达、和而不同。在和合共生的校园文化氛围下，在学生的成长过程中，我们通过集体来教育个人，又通过个别教育来影响集体。在各类实践活动中，我们努力做到统一要求与个性发展相结合，保证所有学生的发展同社会发展的总方向相一致，又针对学生的个别差异，有的放矢地进行教育。比如，在研学活动中，学生可以去大学里体验自己喜爱的专业。例如在浙大研学活动中（见图 1-1），专业实践课程下设环境与资源专业、建筑工程专业、控制科学与工程专业、生命科学专业、光电系专业、测控技术与仪器专业、电子科学与技术专业、计算机科学与技术专业、经济管理与金融专业、法学专业、机器人专业、医学专业，共计 12 个专业供学生选择与体验。

（四）学校与社会并重——交叠共育

实践类活动课程中，实践基地的设置很关键。我们既重视学校这块阵地

图1-1　学生赴浙大参加研学活动

在青少年品德形成过程中的主导作用，又重视社会各方面的影响。我们充分利用白鱼潭、西山漾两校区所在街道的社区资源，走进社区，服务社会；充分发挥社会资源共享共建，湖州四中与吴兴区人民法院、织里镇童装产业园小候鸟之家、湖州方志馆、西山漾丝绸小镇等牵手共建，成立校外学生实践活动基地，为学生走出校门搭好平台；充分利用湖州的资源，走近家长，了解家长；充分挖掘周边资源，或让学生亲近自然，或激发学生探索发现的热情，或让学生走进名牌大学、走出国门。最终，学校教育与社会影响相统一，两者相互配合、协调一致。

二、穿越湖城

古人曰："人有爱乡之心而后有爱国心，不能爱乡而言爱国者，是谰语也。"教育家加里宁也说过："关于爱国主义教育，是从深入认识自己的故乡开始的。"所以说，充分依托乡土资源，开展德育活动，即所谓的"乡土教育"，是提高学校德育工作效率的方法和途径之一。

乡土即本乡本土，包含地理空间、生活经验与情感认同等层面，指的不仅是个人生长或居住之地，更是对于个人具有高度意义的主体空间，是自我对其具有深厚情感且受其影响之地。乡土教育即利用本地区的自然环境、历史事件、历史名人、名胜古迹、出土文物、土特产品、特色文化等资源，加深个人对本乡本土人文传统的认识，进而生发出爱国爱乡的文化情结。

初中"历史与社会"学科是一门融合地理、历史和社会的综合型学科，极具综合性、人文性和开放性，本身具有渗透乡土教育的传统。因此，学校以"历史与社会"学科为载体，开发了"穿越湖城"这一真、善、美兼具的"和润"德育子课程。

（一）真——描绘湖城本色

"在湖州看见美丽中国。"那么，湖州美在哪里呢？"和润"德育子课程"穿越湖城"以湖州为载体，同名校本教材（见图1-2）分上、下两篇，精选10个案例，以自然和人文为脉络，带领学生感受真实的家乡。

1. "那山那水"为湖城生态塑形

湖州，是环太湖地区唯一因湖而得名的城市。地处浙江省北部，东邻嘉兴，南接杭州，西依天目山，北濒太湖，与无锡、苏州隔湖相望，气候宜人，山水清丽。烟波浩渺的太湖、曲径通幽的莫干山，素有"浙江青藏高原"之称的七十二汉峰……诗人戴表元不禁发出"行遍江南清丽地，人生只合住湖州"的感慨。

封面	目录
穿越湖城 那山那水·那人那事 [湖州四中教育集团社会教研组自编校本教材]	**上篇　那山那水** 第一课　江南清丽地——湖州 第二课　"四大避暑胜地之一"——莫干山 第三课　黄浦江源——龙王山 第四课　千顷颜黎色——大美太湖 第五课　碧水千塍共——苕溪 **下篇　那人那事** 第一课　湖州开城鼻祖——春申君黄歇 第二课　茶圣——陆羽 第三课　元人"冠冕"——赵孟頫 第四课　"明代河工第一人"——潘季驯 第五课　"辛亥首功之臣"——陈其美

图1-2　"穿越湖城"教材封面及目录

2. "那人那事"为湖城文化铸魂

湖州历史悠久，有着 7000 年农耕文明史和 2300 年建城史。它还是湖笔文化的诞生地、丝绸文化的发源地之一、茶文化的发祥地之一、"湖学"的兴盛地和文化名人的集聚地。其中，太湖溇港文化是湖州历史文化遗产中浓墨重彩的一笔，"一万里束水成溇，两千年绣田成圩"，"溇港圩田"及其衍生的"桑基圩田""桑基鱼塘"，构成了太湖南岸风华无尽的溇港文化带……勤劳智慧的湖州人民历经千百年的传承和创新，在保留文化自身特质的基础上，开放交流、兼收并蓄，形成了具有鲜明特色、深厚底蕴、丰富内涵的地域文化，留下了众多的文化遗产。

2014 年 7 月 24 日，国务院正式批复《浙江省人民政府关于申报湖州市列为国家历史文化名城的请示》，标志着湖州正式进入国家历史文化名城行列，成为国务院公布的第 124 个国家历史文化名城。

（二）善——秉承育人原香

德育课程根据七、八、九三个年级的不同主体因时、因人、因事有序进行，开展了"知否知否，应是湖城在心中"的趣味问答竞赛，"穿越湖城"拓展课堂，"穿越湖城"小报设计，推荐书目读书会等活动，形式丰富多彩，学生参与积极性高。

丰富多元的活动背后其实就是寻找我们的根、中华民族的根。教育家苏霍姆林斯基说过："学生爱祖国的感情，是从爱家庭，爱学校，爱故乡，爱集体农庄，爱工厂，爱祖国的语言开始的。"一个人在认识上总是先熟悉家人、家乡，再逐步扩大到了解国家。因此，爱家乡是爱祖国的起点，爱祖国的情感是从爱家乡的情感中萌发并升华的。青少年是家乡的未来，课堂是德育的主阵地，架起"乡土"与"天下"之桥是我们所有教育工作者应该承担的永恒使命。

1. 俯瞰"那山那水"

2005 年 8 月 15 日，时任浙江省委书记习近平同志到湖州安吉余村考察，首次提出了"绿水青山就是金山银山"的科学论断。弘扬生态文化，加强教育引导，湖州四中德育工作紧跟步伐，深入践行习近平总书记所提出的重大政治任务和特殊历史使命。此课程上篇"那山那水"在探索和追求人与自然的和谐方面，主要遵循三大育人原则，此处以《千顷颇黎色——大美太湖》一课为例予以说明。

第一，认识家乡，回归生活实践。水产养殖业中有"四大家鱼"的说法，最早开始成规模地养殖四大家鱼的就是湖州人。教师在教学中会设计一些问题让学生认识家乡的四大家鱼，感受湖州发达的水产养殖业。教师在教学实践中发现绝大多数学生熟知家乡水产养殖业发达，但鲜有学生能够辨别四大家鱼。知识蕴含在生活实践中，通过认识四大家鱼这一环节可以发现学生对乡土素材的认知存在疏漏，进而鼓励学生在日常生活中多观察、多识记、多思考。

第二，热爱家乡，立足学科分析。教师在整合基础课程和拓展性课程的过程中，可以充分利用学生熟悉的身边的自然地理与乡土人文资源，创设符合学生认知水平、利于学生接受的学习环境。教学设计的取材亲近学生生活（见图1-3），既有助于学生在认识家乡的过程中萌发对家乡的热爱之情与探索之心，又能落实学生对人地关系的认识。

教师提问	"水底鱼虾肥"，"稻香果香绕湖飞"。结合地图和拓展性课程教材分析太湖流域为何成为"鱼米之乡"。
学生活动	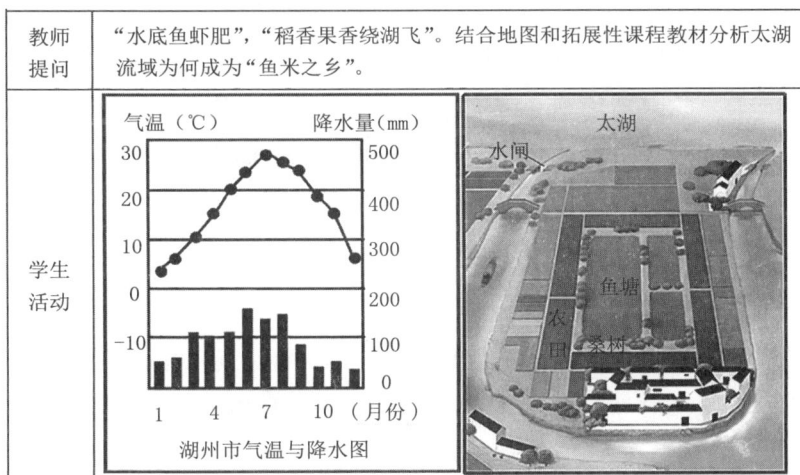

图 1-3　教学设计片段

23

第三，建设家乡，鼓励理性思考。教师以"太湖蓝藻"问题切入，沿着成因—影响—措施的探索轨迹，进一步提升学生生态文明意识，使其树立生态文明观念，从而成为生态文明的播种者、建设者，低碳生活的倡导者、实践者，环境保护的宣传者、监督者，为湖州迈向社会主义生态文明新时代、高质量建设现代化生态型滨湖大城市、高水平全面建成小康社会贡献力量。

2. 追忆"那人那事"，培育"家国"情怀

为了使学生认识自己的先辈对家乡、对祖国的贡献，了解家乡人民辛勤劳动和英勇斗争的事迹，进一步体会家乡的可爱和祖国的伟大，德育课程下篇"那人那事"始终遵循"合一性"原则，即"大历史"（国史）与"小历史"（乡史）之间是密不可分的，地方历史文化名城资源串联起来的"小历史"是构成"大历史"的基础。

以"湖州与清末新政"一课为例，教师引导学生通过"百年名校湖州中学建成于哪一年"的问题揭开了清末新政这一"大历史"与湖州中学建立这一"小历史"之间的联系；通过归纳清末新政的措施，追寻湖州人沈家本为中国近代法学奠基之路，体悟湖州先贤为中国近代化历程尽心竭力、鞠躬尽瘁的担当；通过梳理陈英士、沈谱琴及其领导的湖州中学学子们在辛亥风云中的事迹，体悟个人命运与国家命运的紧密联系，培养学生家国情怀和历史使命感，使其认识到一所学校因新政而建，一个人因新政为后人留下丰厚的研究成果，一个人不满"新政"的骗局，毅然投入革命，敢叫天地换新颜。只有将个人梦想和国家追求紧密联系在一起，才能托起多姿多彩的人生梦、家乡梦和中国梦。

（三）美——传递精神余味

了解和热爱家乡是乡土教育追求的情感目标，而对家乡的认同感以及服务家乡、建设家乡的责任感才是乡土教育的情感归宿。德育课程引导和鼓励学生独立思考、主动探究、合作交流，让学生通过具体形象的史料、遗迹、名人事迹……走进家乡，了解家乡，运用所学知识分析和解决实际

问题。在不断的熏陶和潜移默化的浸润中，达到"润物细无声"的教育效果，让学生从小就对家乡形成一种系统而深刻的感性认识和理性认识，自然而然地生发出对家乡的热爱，自觉树立服务家乡、为家乡的现代化建设贡献自己力量的社会责任感，真正树立起热爱家乡、热爱祖国的情操。

德国著名教育家斯普朗格说过："教育的最终目的不是传授已有的知识，而是要把人的创造力量诱导出来，将生命感、价值感'唤醒'。"乡土之爱是自我与家庭、亲友、邻里、族群之爱的延伸，也是社会、国家、世界和人类之爱的基础。乡土教育小而言之，可以增进学生对民族乡土文化环境的了解，培养学生热爱乡族的情怀，培育学生爱护生活环境的观念；从实际的角度来看，乡土教育还可以强化学生对乡土问题的关心，培养学生服务社会及乡土的热诚。大而言之，引导学生尊重各族群文化，往远了看，在身临其境、潜移默化中，学生涵养了自尊自重的健全人格。

总之，学校在引导学生健康成长的时候，可以有效结合乡土资源，为学生提供一些实践活动，使学生在实践活动中提高自己的精神素质。学校还可以通过传递乡土文化建设良好的校园环境，使学生在传承这些精神文化的过程中受到熏陶，从而塑造良好的品格，提升精神层次，为社会、国家建设奉献自己的力量。

第二章

一校有品：文化浸润

第一节　德育传承、文化传承

"和润"德育是湖州第四中学的一张名片，但"和润德育"不是与生俱来的，也不是一成不变的。其实，这种德育模式是一代代人不断摸索、创新的德育道路。

起于陋巷，迁于郊野，而现名门之象，比同侪之肩。惟代代君子胼手胝足，卧薪尝胆，朝乾夕惕，孜孜不倦。韦编三绝，乃使佳绩相续；英杰辈出，全赖校风相沿。

为学求实，育才从严。笃志自强，敢为最先。不汲汲于富贵，而数数然书前。或问，或学，且思，且研。博学强识，方有达观；戮力拓新，始能登攀。成事之基，立人之本，一校风骨，薪火相传。

刻在两校区墙上的《校志铭》（见图2-1）时刻提醒着每一位师生，成功源于锲而不舍的奋斗。

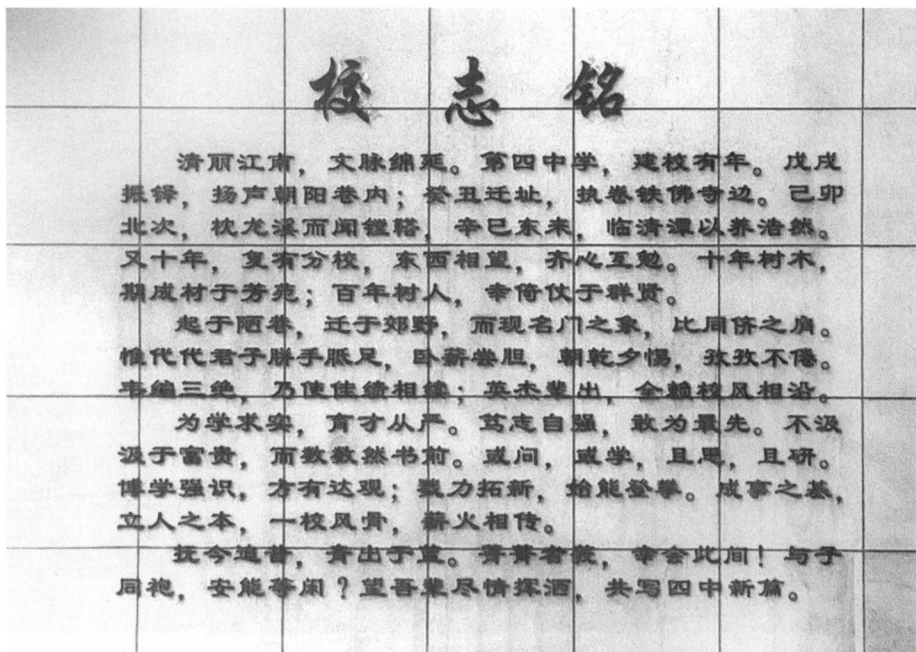

图 2-1　校志铭

一、校史正心

湖州市第四中学教育集团是一所有着光荣传统的学校。60 多年的风风雨雨，铸就了一部"博学笃志，自强拓新"的教科书。学校由小变大，教学能力也由弱变强，我们不会忽视时间沉淀下来的德育资源。

学校非常珍视所走过的风风雨雨，50 年、60 年，都是一个个继往开来的里程碑（见图 2-2）。我们编写纪念册，组织庆祝活动，既是总结，也是展望。同时，我们把这些岁月积淀下来的宝贵资源转化成德育资源的一部分。

走进校史陈列馆，我们的孩子可以看到——

1958 年的春天，施学芳等几位热血青年怀抱着教育的理想和激情，借

图 2-2　徐来潮校长向访客介绍学校沿革

校舍办起了民办班。从此，一颗教育的种子撒进苕溪江畔的土壤之中。

1960 年学校迁至所前街，定名"所前街补习中学"。

1968 年改名为"人民中学"。

1970 年，人民中学由民办改为公办，由此学校迈入了市属中学行列。

1971 年 11 月，更名为"湖州第四中学"。同年，湖州师范的 4 个初中班及 10 多名教师并入学校，从此"湖州四中"这四个字便进入了人们的视野！

1972 年下半年，校址迁至虹门口，告别了 13 年有校无园的弄堂学校历史。新校址占地 7 亩多，有一幢四层的教学楼，其中共有 24 个教室。

1973 年秋，首次招收 2 个高中班，成为有 12 个班、600 多名学生、50 多名教职员工的初具规模的完全中学。

……

1985 年秋，在市内首开职高班，开设了与湖州市经济发展相适应的专业。

1998 年，学校恢复了普高招生，成为一所集义务教育、职业教育和高中教育为一体的综合型完全中学。

1999 年学校搬迁到劳动路另一头的原供销技校。

2001 年初高中分离，学校成为全日制初中。同年 8 月学校迁入白鱼潭校区。校园占地 103 亩，总建筑面积 2.2 万余平方米。拥有微格教室、电子白板等先进的教学设备，设施齐全的田径场、篮排球场、乒乓球室、风雨操场。校园绿树环绕，碧草茵茵，景观小品点缀其中，极富江南水乡风韵。

2011 年，湖州市第四中学教育集团成立，西山漾校区正式启用。美丽的西山漾校区坐落于湖城东部西山漾区域，占地 84 亩，建筑面积达 29939 平方米，建有教学楼、科技楼、图书馆、信息楼、体育艺术馆、餐饮中心、学生公寓等。

……

60 多年来的校史，我们看到最多的是"搬迁"，是"创新"，是"第一"。分分合合，辗转腾挪，一代代四中人，虚心地走进来，骄傲地走出去，为这座城市写下一段又一段的传奇。

每一个十年，我们都会骄傲地回首走过的那些路，问问自己是否做到了"博学笃志，自强拓新"，问问自己究竟又为这一方热土培养了多少英才。

苏霍姆林斯基说："办学校办的是一种精神，一种文化。"这种精神和文化是学校长期办学经验的积淀，是办学优势的弘扬和办学个性的彰显，是学校的立足之本、创新之源。

二、德育循辙

在 60 多年的德育路上，德育人一直在上下求索。几十年的德育路，都在朝着人性化、专业化、系统化的方向不断迈进，见证着一所学校由小变大、由弱变强，不断走向成熟。

20 世纪 70 年代四中以劳动教育出名，积极响应学工学农的政治号召，有专门的学农分校。虽然有时代的局限，但也算是"和润"德育的一个起点。

20世纪80年代，学校的德育工作日趋正规与丰富。政教处陆续编订有关学生、班级思想政治教育的一系列考评机制，以爱国爱乡爱岗为主轴，逐渐形成向上的学风、专业的教风，为祖国"四化"建设输送了大量优秀的人才。1986年6月四中职高部学生王伟参加了招飞（见图2-3），成为一名光荣的人民空军。2001年4月王伟驾驶战斗机为捍卫祖国领空安全，牺牲在祖国南海，被中央军委授予"海空卫士"荣誉称号，他是四中人永远的骄傲。

20世纪90年代，学校逐渐关注学生的家庭教育环境，开始创设"家长学校"，这在湖州也是创举。利用每月一次的家长会，与家长共聚一堂，通过专家讲座、分组讨论等形式，向家长提供正确的教育理念和有效的教育方式。家长会不仅仅是班主任向家长分享班级情况、沟通教育工作的会议，更成为教育理念的一次次碰撞。政教处希望通过这样的平台与途径形成家校联合教育的局面，这正是"和润"德育的起源。

学校还将德育面向社会："劳动教育"继续深入农田，学校的夏令营是

图2-3　1986年王伟参军前与学校老师合影

图 2-4 "文明一条街"志愿服务

去石淙镇西村农田拔草；"少年军校"则走入军营、机场，或者把高炮搬到校园，让学生的"国防教育"更加有情、有境；学生的"模拟法庭"分工明确、有声有色，在处理问题的同时，也让学生在辩论中学法、知法、用法；节假日，学生志愿者服务队会走进社区、走上街头，服务社会（见图 2-4）。

2003 年，学校"政教处"正式更名为"德育处"，标志着学校德育工作正式转型，即由政治教育等拓展为更为专业、更为丰富的思想品德教育。

进入 21 世纪以来，学校加大了对外交流的力度。日本岛田市的"少男少女合唱团"多次来湖州四中访问表演，学校也相应地派师生代表回访。在 2008 年夏访问日本期间，徐来潮校长特别留意了日本学校的德育模式，尤其是学生社团的运行模式，决定借鉴开展符合学校实际的社团活动。2009 年，学校开始建设学生社团。当时只有文学社和舞蹈社，第二年便增加到 10 个社团，而现在已有 20 多个社团，覆盖了文学、科学、艺术、体育、文化、生活等各个领域。老师们集思广益，走出去、请进来，研发出最适合学生的社团活动。这些年来，社团活动已经由每个班少数同学的兴趣小组发展为全员参与的校本课程。10 多年来，学生社团已然成为学校的一张德育名片。

2010 年，学校在教学上开始研究"自主学习"。各个教研组都根据自身学科的特点，研发切实有效的预习单、导学单，尽可能发挥学生的主观能动性，培养其自主学习的意识与能力，使得"生本课堂"走在了地区课程改革的前列。我们鼓励学生做"学习的主人"，同时要做"班级的主人翁""学校的小主人"。于是，学生班级自主管理成为"和润"德育的一个重要议题。每个班级在班主任充分发挥个人与集体智慧后，形成了各具特色的班级文化，"知其异，导其力，养其气"，学校逐渐形成了师生共生、生生共生的班级教育模式。

2011年10月，位于湖城东部乌山脚下的西山漾校区正式投入使用，于是学校有了两个校区，校名变为"湖州市第四中学教育集团"。西山漾校区一开始只有八十几个学生、三个班。学校开始尝试小班化教育，研究小组合作学习；班主任们则开始广泛地使用新型的"表扬单"机制，提高学生的学习积极性。为了突出团队意识，西山漾校区不仅在秋天有传统的秋季田径运动会，春天还专门举办以团队为单位的趣味运动会（见图2-5），寓教

图2-5 "趣味运动会"团队比赛

于乐，让孩子们学会合作、悦纳他人。这些有益的尝试，后来陆续被白鱼潭校区借鉴。

最近十年，学校越来越强调心理辅导的干预作用。两个校区都配备了专职的心理教师和专用的心理教室，这正是德育工作朝着科学化、专业化、系统化的方向前进的重要一步，也是集团化办学后面对生源变化的一种积极的应变。学生数量多了，心理问题也更加多元，我们的工作就需要做得更细、更实、更科学。有教无类，更要因材施教，"和润"德育由经验积累逐渐向专业分析的方向靠拢。

2011年开始，每一届新生都会接受心理教师的心理测评。随后，每一位班主任都会得到心理教师整理出的测评结果，在对班级情况有更直观清晰的了解后，再及时地跟进关注。每一届学生毕业前都有一次团体心理辅导，以缓解焦虑、增强自信（见图2-6）。每一次对于问题生的处理，心理老师都会提供建议或陪同参与。厚厚的心理辅导案例集与心理测评档案以及一系列

图2-6　毕业班学生进行考前心理疏导游戏

高质量的心理教学论文折射出的是德育人潜下心来研究教育、扎扎实实培育人的严谨态度。心理辅导课程已然成为"和润"德育的重要抓手。

抚今追昔，虽然学校德育处的建立只有十几年，但是德育工作其实是伴随着60多年学校历程的。只是，德育的内涵由政治教育、行为规范，发展为品德教育、素质拓展、"共生"教育、心理健康等相互交融的系统教育。一以贯之的是四中人创新求实的不懈努力。我们既有"人润"的理想，又有"润人"的办法，既有先锋的模范，又有互助的团队。如此，方能扎根学生，拥抱未来。

第二节 精神符号

　　"和润"德育的一种精神在于润物细无声，学习者的思想变化是一个潜移默化的过程，而外部学习环境所给予的浸润会有形无形、有意无意地渗透进学习者的心里。

一、显性符号

　　学校虽然在 60 多年的风雨历程中搬迁过好多次，有过好多个"旧址"，但是我们一直都在努力打造一些四中的精神符号。比如，1999 年搬入龙溪港边的校园时，学校教学楼前就竖立着名为"升华"的雕塑（见图 2-7），寓意着进入这所学校，知识、思想、品质都应得到某种意义的"升华"。正是如此用心，学校校园电视台就命名为"升华"电视台。

图 2-7　1999—2001 年学校里的"升华"雕塑

2001 年学校从弄堂里"走出来",搬到当时还是市郊的白鱼潭,有一种
豁然开朗的感觉。四中人开始植树种花、勒石铭志,打造一个全新的文化
校园(见图 2-8)。进入校门,中心花坛两侧即有"搏""博"两块石头左右
呼应。再往两边看,教学楼前是供学生休憩读书的藤萝架和"笃志亭"。再
往里走,门厅中央树屏风一道,上面书写着校训"博学笃志,自强拓新",
此为整个校园的"立心之景"。至此,学校校园文化开始初具规模。线条简
洁、色彩淡雅的教学楼,积极向上的文字符号,让四中人开始有了一种朴
素大气、顽强笃定的气质。

图 2-8 校园文化符号

2014年学校利用白鱼潭校区整体修缮的契机，提出了"和合共生"的校园文化主题。这既是对四中建校理念的总结，也成为未来学校校园文化建设的宗旨。

（一）校园里的算珠

在2014年的校园改造计划中，校徽的重新设计成为核心事件。学校提出，校徽的设计务必要将学校的核心理念浓缩在一个小小的符号里。经过反复斟酌与筛选，学校最后决定采用"算盘珠"来作为新的标志（见图2-9）。远观如人之目，细看之下又是筹上珠。算盘要打得好，需要每一颗算盘珠协作而成。在这所学校里的人，无论老师还是学生都要相互协作，有大局意识，有合作意识，有分享和共赢的意识，就像一颗颗算盘珠，进退有度又彼此增值。所以我们赋予了这一符号"团队，用价值提升价值"的诠释。

这个符号被印在学生的校服上、校牌上，放在学校网站的首页、教师的幻灯片上，连花坛也做成算盘珠的形状。这些都在提醒每个四中人，独木难成林，全校一盘棋，唯有彼此信赖、彼此协作，才能彼此增值。

图2-9　新校徽与算珠花坛

（二）校园里的船

四中的白鱼潭校区有一艘大船，西山漾校区有一艘小船（见图2-10、图2-11）。一大一小两艘船在文化层面上预示着两个校区一脉相传、和衷共

图 2-10　白鱼潭校区的船形雕塑

图 2-11　西山漾校区的小船

济，这正是我校"和合共生"文化精神的最好诠释。白鱼潭校区的船形雕塑位于学校中央花坛，是如今学校的核心主题景观。船头向上，似前浪翻起，寓意乘风破浪、昂扬向前。上面镌有"团队""价值"字样，更是直接标识出学校的核心理念。船的两侧有整齐的船桨，寓意众人一齐鼓桨，力争上游，船儿方可冲破险阻。同样是团队精神的含义，"和衷共济"是四中的立校之魂。

　　西山漾的小船则是由附近乌山村村委赠予的。为什么要在校园里放一条小船？因为我们要提醒每一个往来此地的人：这里曾经是水乡泽国，这里的水系孕育了湖州这块土地上最早的先民。4700 年前，湖州的先民枕水而居，养蚕缫丝。2200 年前，乌巾氏和程林氏头戴黑色头巾，在乌山隐居酿酒，湖州这一座人才辈出的城市也是从这里开始兴起的。再后来，晋朝的大书法家王羲之和他的儿子王献之都做过吴兴太守，都来过这里，登山远眺……一叶扁舟，承载着悠久的历史、深厚的文化，同时象征着理想之舟的起航、文化精神的继承与发扬。

每一个人就像一艘船，都有自己的航线，而每一张书页都是鼓动船帆的风，推你去远航。

这艘船静静地祷祝四中的莘莘学子，定能驾着自己的一叶扁舟，在四中这艘航船的引导下，驶向更广阔的海洋、更美好的彼岸。

舟边有铭文：

扁舟铭

古为兰沼，今为校园。

碧水萦绕，渔舟自眠。

乌巾酿酒，一城兴焉。

右军到此，得意忘言。

西山叠翠，钱漾织烟。

读书之乡，丝路之源。

辛卯之秋，树蕙此间。

扬声振铎，雅韵勾连。

一页一帆，舟行千年。

嗟尔多士，可续新篇。

中流击水，扬帆进前。

（三）文化墙

2019 年秋天，学校美术组的老师与书画社团的学生合作绘制的西山漾校区的文化长墙，成为学校一道亮丽的校园人文景观（见图 2-12）。从家乡

图 2-12 西山漾校区文化墙

风物画到传统节日，从中华品格写到强国之梦，每一个孩子都是校园的主人，每一笔勾描都是那么认真。

"接天莲叶无穷碧，映日荷花别样红。"文化墙的开头画的是莲花。莲花是群生的，更有并蒂三蒂的，读过《爱莲说》或者《儒林外史》王冕画荷花的孩子，往往心领神会：君子当如是。从此，教室窗外的风景不只是青山和云影，蜿蜒的白墙也焕发着文化的光彩。

这项活动本身就充满了"和润"的气息，午后阳光里美术老师和学生站在一起，在色彩的王国里小心翼翼地拿起画笔，勾勒、点染、涂匀，美化着自己的校园。合作、和谐、实践、熏陶、这样的活动有趣，有美，又有文化。

教育的乐趣和美趣，需要的正是共同的参与。

（四）校园路牌

2019年1月11日，湖州四中西山漾校区的路牌正式启用了。这些路牌书写隽秀，各有特色，都是学生自己书写的。其中，7名学生的优秀作品被学校收藏，获得了学校团委颁发的荣誉收藏证。西山漾校区依山而建，风景宜人，有三条主路，分别是春和路、炀和路、和畅路。"春和"语出晋代傅玄《众星》诗，"冬寒地为裂，春和草木荣"，亦有范仲淹《岳阳楼记》，"至若春和景明，波澜不惊，上下天光，一碧万顷"，意为温暖和煦。和合校园，亦复如是。暖暖师生情，甜甜同窗谊，灿灿人生路。"炀和"出自《庄子·徐无鬼》，"抱德炀和，以顺天下"，意为坚持道德实质，孕育和平气息。炀者，熔化也，引申为孕育。我们在这里修炼自己、磨砺自己、丰富自己，成就一个与人为善，与自然、社会和谐相处的自己。"和畅"出自晋代王羲之《兰亭集序》，"天朗气清，惠风和畅"，意为温和舒畅。在校园里，我们更需要一颗平和的心，需要舒畅的气，调节身心，达到内在和畅之境。

路在脚下，名在心中。

二、隐性符号

精神符号有时又可以是无形的。虽然是无形的，但又可以像WIFI密码一样，连接每一个四中人的心。

（一）校训

60多年来，四中的校训变过多次。2001年开始，校训确定为"博学笃志，自强拓新"。前六个字用的是《论语》和《易经》中的话，"拓新"则是原创。四中的学生，就是要有敢为天下先的闯劲，当然，前提是博学（拥抱学习，博闻强识）、笃志（坚定的意志）、自强（坚韧不拔，独立奋斗的精神）。有了这些，才可以、才敢于去开拓创新。所以，四中的毕业生往往具有埋头苦干的精神、扎实的学习基本功和永不满足的求知欲。

（二）校歌

金色的晨光灿烂了我的年少的梦想，

张开蔚蓝的双臂飞向正前方。

哪本日记里都有一个七彩的故事，

为你写下天边的彩虹。

流星雨一样的祈祷留给你一页青春在荡漾，

纯真的岁月我们种下多彩的阳光。

——校歌《我们一起飞翔》

2000 年的校友编写过校歌，限于当时的技术条件，音乐组教师刻蜡纸油印下发给学生学唱，可惜曲调比较复杂，学生学唱较难，因此该校歌并没有普及。2014 年暑假，学校根据诗人校友李浔先生重新作的词，聘请专业团队谱曲，完成了现在的校歌《我们一起飞翔》。校歌歌词浪漫，曲调昂扬，节奏紧凑，朗朗上口，学生很喜欢唱。每逢重要的活动如成人礼、毕业式，都有齐唱校歌的环节，以至于还有学生毕业后仍然在网络上以唱校歌的形式祝福母校，致敬青春。

第三章

一课一润：学科渗透

　　周敦颐在《通书·文辞》中说："文，所以载道也。"韩愈在《师说》中写道："师者，所以传道授业解惑也。"立德树人始终是中华优秀传统文化的主根，是把握教育本质的必然要求。《国家中长期教育改革和发展规划纲要（2010-2020年）》明确指出"育人为本，德育为先"，着实体现了德育的重要性。学校的任务不仅在于"教书"，更应着重"育人"。德育，应该融入渗透到教育的全部过程。德育，应该是伴随学校各种知识的技能教育，自然而然实现的一个关于学生品行健康成长的目标。

　　课堂是德育的主阵地。2017年教育部印发的《中小学德育工作指南》明确提出："充分发挥课堂教学的主渠道作用，将中小学德育内容细化落实到各学科课程的教学目标之中，融入渗透到教育教学全过程。"特别是在课程实施的过程中，更要将为人之德作为终极培养目标去达成。但是近年来，学校教育有忽视学科教育性的倾向，"教学"逐渐与"教育"分离。本来"教"和"育"是联系在一起的。《中庸》开头几句话说得非常明确："天命之谓性，率性之谓道，修道之谓教。""修道之谓教"，强调"教"就是"立德"。但在实践中，学科德育受到冷落，具体表现为思想道德教育在学科教学中不受重视，甚至学科教学就是知识的传授，没有思想教育的痕迹。这在一线中小学校中比较普遍，具体表现在教育环境、学科教师和学科课程、教学评价等方面。

教育环境方面主要指学校对学科德育不够重视，学科教学的关键任务是传授知识，唯分数论。究其原因，主要是社会大背景和应试教育根深蒂固的影响。在学科教师方面，教师学科德育意识薄弱，方式方法匮乏。这主要是受制于传统教育教学分工的惯性影响，大多教师认为德育是德育课程的专属任务，"教学"成了学科老师的首要事情，而教育、德育成了班主任、年级组长、德育老师的事情。同时，我国尚未形成完整的评价管理体系。许多学校不重视学科德育，认为学校德育有德育处的严加管理和德育课程便足够了。

第一节　学科德育价值

德国近代著名哲学家、心理学家和教育家赫尔巴特说："教学如果没有进行道德教育，只是一种没有目的的手段；道德教育如果没有教学，就是一种失去了手段的目的。"赫尔巴特是"教育性教学"这个命题的最早提出者，这个命题让人们认识了品德教育在学科教育中的重要性。在实际的教学过程中，品德教育应该与具体的学科结合起来进行。学科教学和德育互为目的和手段，互相依存和制约。德育价值是各学科教学任务所固有的，而非从外向内的渗透。

一、学科德育是"立德树人"根本任务的客观要求

在党的十九大报告中，习近平总书记再一次强调："要把立德树人的成效作为检验学校一切工作的标准，真正做到以文化人，以德育人。"因此，学校要把立德树人内化到学校教学和管理的方方面面，渗透到课堂教学的主题之中。教师要充分利用课堂教学这一主要渠道，在学科的教学目标中融入德育内容，将德育教学目标渗透到教育教学全过程，做到以立德为根本，以树人为核心，不断提升学生的思想水平、政治觉悟、道德品质、文化素养，确保学生切实做到明大德、守公德和严私德。

二、学科德育是基础教育实践的现实需要

在基础教育教学实践中，迫切需要学科教师高度重视学科教学中的德育工作。首先，中国学生发展核心素养，聚焦的是全面发展的人的必备品格和关键能力。课堂是提升学生核心素养的主要渠道，需要教师关注学生的全面发展，而不仅仅是对学科知识的掌握。尤其是学科核心素养的提出，更进一步明确了学生在学习中应掌握的本学科的必备品格和关键能力。通过课程知识的教学，教师要让学生在课堂中形成相关的品质，这是课程育人的集中体现和要求。

三、学科德育是学科教学教育性的体现

学科教学不仅是对知识的传授，更有其教育性的内在要求。南斯拉夫著名教学论专家弗·鲍良克在其所著的《教学论》中认为："教学肩负着教养和教育双重任务。除了教养任务外，教学还是使学生掌握一定教育的（道德的、美育的、体育的、劳动的）价值的过程。"从学科教学的教育性上看，

教学的首要目的是育人，培育德智体美劳全面发展的人；在德育方面，显而易见，教学是树立道德观念、培养道德情感、形成道德品质最基本的途径和手段。课堂教学中可以将道德教育渗透在学科知识教育的内容之中，使之起到"桃李不言，下自成蹊"的效果。另外，在"敦品"和"励学"的关系中，教师也需要关注学生良好品德的培养。一味地进行知识的传授而忽视德育的教师，其教学效果并不理想的原因在于没有深刻地意识到"敦品"和"励学"之间的内在关系。积极的学习态度、强大的内在学习动机、学习中迎难而上的顽强意志力是需要德育的润泽才有可能实现的。学科教学中实施德育有助于将学科知识中的显性德育和隐性德育融入学生的德育意识里，帮助学生树立正确的理想信念，养成良好的道德习惯，形成必备品格和关键能力。因此，失去对学生全面生活的了解、失去对学生全面发展关心的教学，只会使学科教学变得越来越功利，学科教学的路也会越走越窄；将德育融入学科教学之中，不但能够为学生德育寻找到主阵地，更可以帮助学科教学走出困境，回归本质。

总之，学科德育可以摆脱专门化德育课程的灌输式教学，可以提高学科教师对品德教育的关注度，有利于实现品德教育对学校生活的全面覆盖。除此之外，学科德育还能促进学生的个性发展，而不是灌输式的一刀切，有利于尊重学生的差异性，保证每个学生的学习权利，有助于培养学生的自主思维能力和兴趣爱好。

第二节　学科德育实践

什么是学科德育？有学者认为，学科德育是指"在各学科教学活动中，教师以教书育人为宗旨，将各学科教学内容中蕴含的道德思想的因素，通过有效的教学设计和方法，自然地融合到课堂教学的各个环节中，从而促进学生素质的全面发展"。简而言之，学科德育即学科育人，它绝不仅是狭隘的说教，它还包含着知识结构的内化、积淀，包含着激发学生的好奇心、求知欲，鼓励学生勇于探索，包含着引导学生欣赏美、感悟美，做出正确的价值选择和判断，而这正是学科育人的核心要义所在。

那么怎样才能很好地在学科中开展德育呢？首先，整合学科德育的教学目标。对各个学科而言，教学目标不能只以传授学科知识和提高成绩为主，而应以"教书育人"为学科教学的最终目标。在帮助学生获得基本常识、原理、基本概念和培养学生的思维能力、批判能力、创新能力的同时，应该积极引导学生形成正确的人生观、价值观和世界观。渗透德育优于传递知识是"和润"德育所积极倡导的。教师在教学思想上应提高道德教育的意识，增强自己的教育教学能力，积极挖掘文本材料中的德育元素，并精心设计教学活动，在教学环节中将思想道德教育的知识间接、自然地教授给学生，让学生的情感态度受到感染和熏陶。在各科教学中，教师不必刻意添加和设计德育知识，不必要求每堂课每节内容都必须体现德育知识，而是在顺其自然中发现德育因素，自然而然地引起学生的注意和思考。

蕴含于学科知识体系中的德育因素一般有三个层次。

第一，显性结合。表现为学科德育内容通过学科内容的知识直接反映出来。中小学德育课程就是学科德育内容中最系统、最具条理性的部分；其他如历史、地理、语文、音乐、美术等都具有学科德育的显性内容，如果将这些内容视为纯粹的知识传授，就削弱了育人的功能和教学的本质。

第二，隐性挖掘。表现为学科德育内容蕴含于学科教材内容、科学观念中，需要教师通过有效的手段揭示出来。如生物学中的遗传与变异、同化与异化，数学中的直线与曲线的关系，物理学中的能量守恒等都蕴含了辩证唯物主义哲学。

第三，融入拓展。学科自身知识体系中除了有显性和隐性的德育因素外，现代社会还赋予其新的要求，具有更深刻的德育内容，教师更应从学科特有的育人因素出发做全面考虑。表现为教师有意识地把德育观点融入教学内容之中。这主要取决于教师的育人观念、敏锐性和主观努力。

第四，改进方法。在学科中开展德育，还要改进学科德育的教学方法。学科德育的教学方法应该增强欣赏性和生活性，欣赏性就是指学生可以将德育看成一个可欣赏、可享受的审美过程，让美的法则成为德育活动的一个准则。学科教学要根据不同学科的特色，让学生体会到各个学科的乐趣和享受各学科带来的美，并且通过不同学科之间的知识交流与联系，让学生在融会贯通的同时保持对学习的兴趣和动力。生活性就是指学科德育要尊重生活，取材于生活，将德育教学情景化和生活化。这也是陶行知先生提出的"生活即教育"观。通过"生活化"的教学，教师才会自觉地关注学生的精神成长，才会在教学中不断创新道德教育的方式。一方面，要加强道德与法制课、思想政治课的教学；另一方面，也要关注语文、数学、美术等学科教学中的德育实施情况，注重课程中德育资源的挖掘、德育内容的整合，充分发挥综合育人的作用。

"和润"德育下学科德育实践大致可以分为两类，即"大格局"和"小聚焦"。"大格局"是指全学科的德育渗透，"小聚焦"是指我们聚焦于个别学科有重点、有突破地进行德育教育。两种类型从目的性上来讲是一致的，只是形式上、重心上有所区别，两者有机融合，形成了湖州四中"和润"德育的重要内容之一。

在"和合共生"校园文化滋养下，"和卓"教学与"和润"德育携手同行，形成了"和合"课程体系，包括"和雅"语文、"和思"数学、"和悦"英语、"和趣"科学、"和辩"社会、"和创"技能以及"和健"体育。各学科教师根据本学科的学科特点和教学特色，充分挖掘学科教材中的德育知识，将德育知识和学科知识有机地结合起来。

（一）"和雅"语文：文以载道 传承经典

《义务教育语文课程标准（2011年版）》明确指出："语文课程应通过优秀文化的熏陶感染，促进学生和谐发展，使他们提高思想道德修养和审美情趣，逐步形成良好的个性和健全的人格。"可见，语文教学的依止是语言文字，其内蕴无疑是对学生精神的涵养，品德的润泽。在学校和合共生的文化背景下，语文教研组团队以"和雅"教育为追求，在教学中始终牢记立德树人的宗旨，充分发挥语文学科在德育教育中的重要作用。

1. 语文教学中德育渗透的内容

（1）心系家国，关注民生。我国几千年来有着一脉相承的集体主义思想，有国才有家，必要的时候为大我牺牲小我，为国家、民族、集体的利益舍弃个人利益是众多志士仁人坚定无悔的选择，爱国、团结一直是全体国民的共识。

统编初中语文教材中有不少篇目包含了历史上各时代文人亘古不变的爱国情感。"报君黄金台上意，提携玉龙为君死"是将个人生死置之度外，忠心保家卫国的豪情壮语。"可怜身上衣正单，心忧炭贱愿天寒"，白居易通过细致的心理描写，卖炭老翁生活的艰辛跃然纸上，揭露了统治阶级的残暴，同时也表现了白居易对下层劳动人民的深切同情。

（2）人格修养，理想志趣。中华传统文化蕴含诸多值得弘扬的优良品质和为人处事的道理，统编本教材中收录了不少关于人格修养和道德志趣的诗文，这对学生修身养性，形成理想人格的作用不容小觑。

诸葛亮在《诫子书》中告诫儿子诸葛瞻："静以修身，俭以养德；非淡泊无以明志，非宁静无以致远。"殷殷教诲中蕴含着深切的期望，劝勉儿子修养性情、增长才干，达到远大目标。孟子《生于忧患，死于安乐》向我们揭示："天将降大任于是人也，必先苦其心志，劳其筋骨，饿其体肤，空乏其身，行拂乱其所为，所以动心忍性，曾益其所不能。"在困难和挫折面前，我们不应畏缩不前或自暴自弃，而是应当调整心态，迎难而上，要看到这正是磨砺意志、促人成长的重要时机。

（3）思亲怀友，珍惜情感。自古以来，家一直是我们温暖的港湾，永远的归宿。不论行至何处，亲友始终是我们最挂念的人。古人受儒家伦理传统观念的影响，有着安土重迁、落叶归根的家族观念。

王维与兄弟离散，重阳佳节格外思念亲人，在《九月九日忆山东兄弟》中写道："独在异乡为异客，每逢佳节倍思亲。"李商隐归家不得，不禁想象自己归家与亲人在西窗边共剪烛花、共话巴山雨夜的温馨情境，遂在《夜雨寄北》中深情写道："何当共剪西窗烛，却话巴山夜雨时。"

初唐四杰之一王勃《送杜少府之任蜀州》中的"海内存知己，天涯若比邻"，一扫以往离别诗的伤感落寞，而是以真诚和乐观劝慰朋友，认为只要心灵相通，诚挚的友谊足以超越时空的界限，即使远隔天涯，也犹如近在咫尺。

2. 语文教学中德育渗透的策略

（1）在人物形象的分析中渗透德育。青春期中学生极易受到榜样的影响，教师在教学中以美好的人物形象为榜样，发挥榜样的力量对学生进行德育渗透。榜样特别是具有高尚道德情操、优秀品质的高大正直的正面人物形象，极容易感染学生，成为学生效仿、敬慕的对象。

例如《木兰诗》中，木兰女扮男装，替父从军，在战场上建立功勋，回朝后不愿做官，只求回家与父母团聚，学生可以感受到木兰勇敢善良的品质、保家卫国的热情、英勇无畏的精神。教师通过分析木兰这一人物，使学生情感受到感染，产生强烈的爱国主义情怀以及勇敢无畏的精神品质。

在教学过程中，教师结合实际、联系当今社会问题，例如借由钓鱼岛始终是中国不可分割的领土这一话题，组织学生进行讨论，并以韩麦尔老师为榜样，培养学生爱国主义思想感情。教师也可以通过正反人物形象的对比，来引导学生对美好事物、真善美的追求，提高学生辨别是非曲直、真善丑恶的能力，以英雄人物为榜样，以不耻行为为戒，在潜移默化中规范自己的行为。

（2）在介绍作品背景和作者中渗透德育。例如，《紫藤萝瀑布》这篇课文的写作背景是1966—1976年，作者从紫藤萝花由衰到盛，由花及人，描写紫藤萝花的顽强生命力。学生由此得到启发，即在挫折面前要充满希望，热爱生命、敬畏生命。

再如，《沁园春·雪》的作者是毛泽东——一位伟大的政治家、思想家、军事家、无产阶级革命家，同时，也是一位伟大的诗人。他一生写下过很多催人奋进、震撼人心的诗篇，鼓舞着革命战士和人民的战斗豪情。通过毛泽东的诗词风格充分感受毛主席的雄伟气魄和豪迈胸怀，更能激发学生的爱国之情。

（3）读写结合，在写作训练中深化德育。阅读与写作是语文的双翼，学生将自己在阅读中所领悟到的感想与心得，通过写作转化为文字符号自然地表达出来，这便是德育渗透的最佳途径。

例如《陈太丘与友期》是篇文言文，表达了诚实守信、为人方正的精神。教师在学生理解文章中心思想的基础上，在课后要求学生发挥自己的想象力，将这篇文言文改写成记叙文，将陈太丘、友人、陈元方的行为、态度、语气等，用自己的话淋漓尽致地表达出来。教师让学生通过改写的方式，深刻体会到诚信的重要性，自然而然达到德育渗透的目的。

续写是要在充分理解教材的基础上进行的。教师注重对教材空白点的挖掘，充分发挥学生想象力，将教材空白点"填满"并受到德育熏陶。再如童话《皇帝的新装》一课，教师可以让学生续写皇帝和大臣们回到皇宫以后，可能会发生的事情。在续写过程中，进一步使学生体会到成人世界中虚荣与虚伪的可笑。

康德曾经说过："能够引起我内心震动的，一个是头顶的星空，一个是永恒的道德律。"语文教学不仅是启智臻美，教学生仰望头顶的浩瀚星河，也要在潜移默化中融入德育，使学生在习得知识的同时，实现文化的传承、人格的完善。

（二）"和思"数学：数说人生 三思而行

数学具有高度的严谨性和科学性，蕴含着丰富的辩证思想。比如有限与无限、函数与反函数、特殊与一般……能让学生理解什么是"对立统一"。正多边形的边数无限增加后，就形成了圆，这让学生理解什么是"发展变化"。命题的条件和结论必然是相互制约的，这告诉学生"矛盾在一定条件下可以相互转化"。

教师用辩证唯物主义的观点去分析教材，阐述知识、方法和规律，可以让学生认识到数学中的辩证关系，接受初步的辩证唯物主义的教育。在此基础上，学生可以形成科学的思维方式，用辩证的观点去观察、分析和解决生活中的问题，客观地评价自己与他人。

"和思"数学就是在"和合共生"的学校文化背景下，教师把握"思酌""思辨""思绎"三个方向，帮助学生树立辩证唯物主义世界观、价值观和人生观。

1. 利用教材挖掘德育素材，"思酌"世界观

恩格斯曾说，"现实世界的辩证法在数学的概念和公式中能得到自己的反映"。数学知识从客观实践中引出，又反作用于实践活动。通过教材的研究，数学教师可以抓住一切载体和教育机会。

例如，初中数学在有理数的教学中，引入了负数的概念，在课前教师让学生自主收集各种具有相反意义的量，再在课堂上交流讨论。这可以让学生充分感受在现实生活中具有相反意义的量是广泛存在的，例如温度的零上与零下、收入和支出、盈利和亏本，等等。因为具有相反意义的量在现实中客观存在，那么表示具有相反意义的量的正数与负数也是客观存在的。这就是我们进行唯物主义教育的契机。在学习了负数的概念后，像 $2-5$ 这样小学算术无法解决的运算问题，将它转化为 $2+(-5)$ 的加法运算，学生则可以更加体会到负数的意义。数学概念来源于实践，更重要的是可以再次被应用到实践中去。

2. 有效设计学习活动，"思辨"价值观

教师除了教授知识以外，更需要考虑学习活动的有效度。只有学生主动参与教学，才能让学生尝试成功，从而培养其学习自信心。例如，在"四边形"的教学中，教师这样设计学习活动：学生动手操作去改变四边的各条边长及各内角角度，然后分析对比各个图形的特点，找到图形之间的相同点和不同点。图形的各边由不等到相等，角度由锐角到直角，图形也经历了从量变到质变的过程。在这个过程中，教师引导学生联系学生生活实际，"勿以善小而不为，勿以恶小而为之"，就比如从垃圾分类做起，仅是一个小举动便可逐步改善居民生活环境，推动绿色发展。教师通过有效的教学设计，教育学生从小事做起，促使事情向积极的、好的方向发展，防止事情向消极的、坏的方向发展。

3. 借助数学思想方法，"思绎"人生观

数学思想方法，本质上是辩证唯物主义法在数学科学中的具体体现。教师以数学思想方法育人，有助于学生形成良好的思想品质和科学人生观。例如，平面直角坐标系属于对点位置进行划定的工具，利用几何中的"点"同代数中的"数"有机结合起来，利用有序实数同平面点的对应，通过两个坐标点来确定一个点的平面位置。因此，教师可启迪学生，我们身处的社会就像一个无形坐标系，而进入社会后的我们，就好比平面内的点，都必须寻找到适合自己的位置。通常个人的定位参数主要包括先天因素、后天因素两种，而确定位置的高低与好坏，主要取决于后天的因素，个人是否能定位到社会上的某程度位置，必须通过后天的努力而获得。同时，教师也可告诫学生，中学阶段是人生观形成和发展的关键时刻，每个人都应对自己和社会有着清晰、正确的认识，树立好人生目标和人生态度，努力学习，终有一日会成才。

总之，在数学教学中渗透德育要注意策略性、可行性和反复性。只要

在教学中学思结合，有机渗透，就可以达到德育、智育双重教育的目的。

（三）"和悦"英语：多元文化 但此心同

怀特说过："一切人类行为都是在使用符号中产生的，正是符号把我们猿类祖先转变成人，赋予他们人性，正是符号使人类的婴儿成长为完人。"英语作为一种非母语的语言符号系统，其独特贡献就在于通过双语互动机制领悟多元文化，从东西方用语表征多样化的角度加深对科学概念的理解，加深对中国文化丰富内涵的认识，建构学生的精神世界，帮助学生形成"和而不同"的多元文化意识和能力，培养未来国民的文化自信和文化贡献力。

英语学科的育人目标就是要培养有中国情怀、国际视野、文化意识、思维品质、人文素养、沟通能力的人。同时，要帮助学生确立正确的国家观、历史观、民族观和文化观。

1. 培养文化鉴别力，渗透德育情感

中西方文化交流日渐频繁，英语及其所含文化给中学生带来极大的冲击。中学生普遍缺乏鉴别能力，对外来文化采取兼收并蓄的态度，也容易形成错误甚至是扭曲的价值观念。这就需要教师在教学中一方面帮助学生鉴别中西方文化，形成扬弃的客观态度；另一方面给中国传统文化赋予新时代的含义，继承传统优秀思想与品质。

教材八年级上 Unit 8 中，"Thanksgiving in the United States"一文讲述了西方传统节日"感恩节"的历史由来、庆祝方式及经典菜肴感恩节火鸡的制作过程。教师通过引导，从"味觉"到"觉识"，让学生体会感恩节的节日意义和内涵，引导学生懂得感恩，心存满足，善待他人，这也与中华民族"和"之美德不谋而合。教师再引导学生进一步讨论中国传统节日及文化中关于感恩的相关内容，并从表现形式和文化内涵等方面进行两种文化的对比，使学生更深入地认识本土文化，坚定民族意志，传播中国文化。

又如圣诞节作为典型的西方节日，中国学生的理解相对碎片化、刻板化。教师需引导学生多维度了解该节日。九年级 Unit 2 中"The spirit of Christmas"一文，介绍了圣诞节分享快乐、传递温暖的真正意义。学生通过对"西方节日热"的讨论，探寻节日的真正价值，摒弃"跟风过洋节"的习气，也拒绝文化冲击的错误价值观念。

2. 依托教材文本，多元合作交流

（1）解读教材，挖掘文本话题的积极价值。同其他学科一样，英语教材本身也有着丰富的德育教育素材。人教版新目标初中英语教材的课文选材包括环境保护、慈善活动、交友、职业规划、爱护动物、健康生活等话题，每一个教学单元都是围绕特定的话题而编制的，内容不仅体现出人们在生活中所面临的挑战，也反映出中外文化的差异性。

例如，七年级下册 Unit 4 2b "The rules for Molly"，八年级下册 Unit 4 "Why don't you talk to your parents?"，九年级 Unit 4 2b "He studies harder than he used to" 等涉及了青春期情绪、品格及人格的培养。再如，七年级上册 Unit 6 2b "Sports Star Eats Well!" 谈论饮食习惯，七年级下册 Unit 2 "What time do you go to school?" 涉及日常作息习惯，七年级下册 Unit 4 "Don't eat in class" 谈论规章制度等，八年级下册 Unit 6 "I'm going to study computer science" 还提到了人生规划的话题。这让学生从中获取正确的生活观念，汲取良好的价值取向。

（2）课堂交流，实现"和润"德育的潜移默化。在英语教学中进行有效的德育渗透，需要教师从英语教学理念、教学方式着手，进行积极的转变，将德育和英语学习的内容进行紧密融合，采取多样化的英语教学方式，激发学生的学习和参与热情，在潜移默化中实现"和润"的德育教育。

研读文本词句，传递人文情怀。例如，beauty 这个词原意是美好，教师在讲解其用法时可以进行适当延伸：Our country is very beautiful, she has many mountains and rivers. We all love the beauty of the country。在这例词句教学中，教师通过唤起学生对美好山河的热爱来调动学生热爱祖国的激情，从而培养其良好的爱国情怀。

对话文本内容，升华思想品格。具体来说，教师可以在学生对课文内容有一定理解和整体把握的基础上，要求学生通过归纳复述、演讲讨论的形式对文章的内涵、人物的性格、故事的演绎以及作者的意图等方面进行表述，立足于道德观念进行解读，以培养其良好的思想品质。

3. 学思结合，培养全体学生的公民素养

（1）认识自我，学会自主发展。学生学会自主发展的过程，本质上是学生与自己的自觉对话，主要体现在学生能有效管理自己的学习和生活，正确认识和发现自我的价值，发掘自身的潜力，有效应对复杂多变的环境，成为有明确人生方向的人。

教材九年级 Unit 4 "I used to be afraid of the dark" 这个单元谈论了过去的性格、外貌、特点及喜好等。3a-3c 讲述了一位性格腼腆的亚裔女孩转变为流行歌手的故事，主人公的这种变化和成就能给学生们带来启迪，不仅使学生拓展语言知识、发展技能及阅读策略，而且向学生传递出关注自我发展和自我完善的重要性。Section B 的阅读介绍了一位乡村少年的成长故事，题材发人深省，目的在于唤起学生的关爱之心，使其懂得亲情的可贵，理解父母的责任，并能在成长的道路上注重心理的健康和成长。读完这两个成长故事之后，教师引导学生分小组讨论思考两个主人公的变化，以及其能够实现自我成长的原因，并对照自己的过去谈谈现在的变化。本单元的综合写作任务就是写写自己的变化，引导学生进一步认识自我，发展身心。

（2）关注自然，树立环保意识。人与自然的和谐共生是人类在认识和改造世界的过程中，长期谋求解决的一个根本性课题。面对越来越严重的生态危机，重新探讨人与自然和谐发展问题具有鲜明的现实意义。正确认识人与自然的关系，树立环保意识，深刻认识人与自然和谐关系对人与社会全面发展的重大意义，也是核心素养的一部分。

比如九年级下 Unit 13 "We're trying to save the earth" 的话题为环境保护。教师不仅要让学生寻找身边的环保达人，也应该让学生看到世界各地保护环境可借鉴的地方。另外，教师带领学生了解了在环保再生方面有突出贡献的人物及他们的做法之后，还布置了拓展性任务：①分小组讨论每个人在生活中可以为环保做出的努力，以及政府或者环保组织必须实施的环保措施，并分组进行汇报。②让学生观察校园当中的不环保现象，并针对这些现象设计至少三条以上的环保标语。然后师生共同评选出优秀的环保标语，进行全班展示。这样既创设了情境，激起了学生的参与欲，活跃了课堂气氛，又让学生知道保护环境的重要性，了解人类与自然相互作用、相互影响的关系。

（3）感恩他人，培养感性智慧。感恩他人，不仅仅是一种礼貌的行为，更是根植于内心的一种品质和素养。充满感恩的人对世界、对周围人都保持着积极心态，会想起帮助过自己的人，会对家人、学校、同伴等心怀感激，也经常为生命中所拥有的而感到幸运。

Unit 7 "Teenagers should be allowed to choose their own clothes" 这一单元中的诗歌 "Mom knows best" 讲述了孩子在成长过程中与母亲的点点滴滴。学生通过学习和反复诵读诗歌，体会母爱的伟大，反思自己在成长过程中与父母的关系，学会感恩，明白父母的合理建议对自己成长的重要性。诗歌语言优美，感情动人心弦。其中作者回顾小时候母亲点滴的付出，青少年时期叛逆的自己总是和母亲吵架，直到成年后对 "Mom knows best, and for me she wanted only the best!" 的理解，字里行间细腻的笔触和对细节的描写，让学生能够产生强烈的共鸣。课后教师布置了给母亲写诗的任务，学生正因为有情感共鸣，写出的诗句无不流露出真情实感和对母亲的感恩之心。

（4）担当责任，实现社会参与。学生通过社会参与，逐渐养成现代公民所必须遵守和履行的道德准则和行为规范，增强了社会责任感，提升了创新精神和实践能力，促进了个人价值的实现，逐步发展成为有理想信念、敢于担当的人。

八年级下册 Unit 2 "I'll help to clean up the city parks" 这个单元围绕"志愿者工作与慈善公益"展开。教师在教学时可向学生传递"志愿公益"是外国人生活的一部分，是较为普遍的社会行为，并结合学校的 "I volunteer" 活动，组织学生开展具有英语特色的志愿者服务工作。

　　九年级 Unit 5 "What are the shirts made of？"中有一篇文章讲述的是一个中国学生在美国的商店找不到美国制造的产品，而几乎都是"中国制造"的故事，同时留给学生思考中国在世界经济竞争中的位置。教师通过让学生上网查阅资料和小组讨论的方法，进一步加深学生的爱国情怀，也让学生对"中国制造"有了深刻的认知。这种国家认同感和对国际世界的理解，反过来也能促进学生形成作为中国公民的社会责任感和担当意识。

　　英语学科是人文底蕴最为丰富的学科之一，我们的英语教学要破除唯理性教育的模式，在积累、涵咏、顿悟的过程中挖掘人文底蕴，重视情感、意志、审美情趣等的介入，引导学生求真、求善、求美。而以课程为基础的文化教学之旅，不仅让学生由西到东地享受了世界的文化大餐，更是由浅入深地培育了学生的文化素养，使他们渐渐地有意识、有能力、有品质地徜徉在世界文化大流中，睿智成熟、高尚有品位地学习和生活，为社会、为全球的发展做出高质量的贡献。

（四）"和趣"科学：吾爱真理 吾亦爱人

　　有一个真实的案例：学生设计电路检测多种材料的导电性时，由于家里钥匙的材料不同，有两个小组的钥匙不是金属的所以不能导电。但这两组学生因受从众心理影响，跟随其他组汇报钥匙"导电"。实际上，这种情况并不少见，总有学生由于缺乏实证意识而轻易相信别人所谓的"正确答案"。初中科学要致力于培养学生的实证精神和科学素养。科学课程的核心目标是引导学生理解什么才是真正的证据，又应该通过什么样的方法得到最有效的证据解释这个世界。那么，如何在科学教育中体现德育教育，培养学生的实证精神呢？

1. 立足于生活的科学猜想，体验实证精神

　　陶行知先生的生活教育理论指出："教育的材料，教育的方法，教育的工具，教育的环境，都应该从学生的生活中来。"科学课上的猜想是一种基于学生已有的知识、生活经验，符合科学逻辑的合理推断，而不是漫无目的瞎猜，许多猜想往往来自生活，所以可以让学生回归到生活中，细心体

验、实地观察。

比如在《植物的茎》一节中，要让学生区分不同的植物的茎，若是让学生看着冰冷的文字，那学生只能毫无依据地瞎猜，因此教师应让学生观察身边不同区域里的不同植物，形成有根据的猜测。教师在教学中指导学生观察事实，准确记录每一个信息和数据，不随意修改；培养学生在观察实验结果中不只挑选符合自己想法的内容，不随意丢失资料，建立"每一个描述都很重要"的认识；引导学生明确样本越大，描述越充分，就越与事实一致，就越令人信服的道理。

2. 立足于课堂的动手实践，诠释实证精神

陶行知先生认为："最好的教育，要想它有效，须是教学做合一。"科学需要证据，实践是检验真理的唯一标准。如在教学"食物中的营养"一课时，课本要求学生通过实验检验食物中是否含有淀粉、脂肪。仅通过查看食品包装袋，学生无法获知答案，因此教师引领学生通过利用燃烧鸡蛋白这一实验方法来进行验证。鸡蛋白在燃烧过程中产生的"焦臭味"就是最有力的证据。再如在教学"物质发生了什么变化"一课中"加热白糖"时，学生就能直观地观察到一种异于白糖的新物质——可以燃烧的炭。教师坚持让学生动手实践是诠释科学实证精神最科学的途径。

3. 立足于实验的异常结果，追求实证精神

你会相信一节普通干电池的电压为1.6V吗？可能不会。可这就是在一次常规的科学课堂上发生的事实。在遇到这种情况时，一般的老师可能会直接告诉学生这是电压表不准确所造成的，但追求实证精神的老师会带领学生进行新一轮的探究，换用不同的电压表进行测量。干电池电压为1.6V这是一个实验事实，教师应该充分尊重实验过程中出现的现象和结果，这也是一种尊重科学的态度。教师在教学过程中，要培养学生尊重实验结果，养成实事求是的科学态度。

（1）尊重实验结果就是尊重事实。在多数演示实验教学实践中，教师在实验之前就已经熟知本次实验可得到的结论，而对于大多数学生来说，结论却是未知的。教师很难克服自己的角色而从学生的立足点来看待实验活动本身。这种角色的差异往往伴随着实验数据的"出乎意料"而凸显。在科学实验探究的过程中，出现异常是不可避免的。面对异常结果，教师要引导学生仔细地梳理探究的全过程，如实验的设计有没有问题，实验过程是否严格按照设计进行，实验的材料有没有异样，实验过程中变量的控制是否到位。如果找到问题的症结所在，就应该调整失误之处，再进行重复实验，看看实验的结果是否有变化。

例如，在复习浮力知识时，要求学生实验演示：浸没在液体里的物体受到浮力的大小是否与浸没的深度有关？实验中，学生需要把钩码悬挂在弹簧测力计下读出重力，再将钩码逐渐浸没到放在桌面上的一个装有液体的深"水"杯中，并逐渐浸没到更深处。学生预期只要弹簧测力计示数不变，就可以说明浸没在液体里的物体受到的浮力与浸没的深度无关。但实际测试中弹簧测力计示数却发生变化，也就是说，钩码受到的浮力发生变化。学生对实验结果表示怀疑，教师引导学生进一步讨论，还有什么原因会使钩码受到的浮力大小发生改变，学生发现这个实验的前提是必须令液体的密度保持不变，才会有正确的结论。由此可见，激发学生探究热情的有效方式是充分利用学生们看到的现象与已有知识之间的冲突。

（2）尊重实验结果需要一种"求同存异"的态度。如在"光是怎样传播的"一课中，学生通过"三张带小孔的卡纸在一直线上"的实验验证了光是沿直线传播的，教师进一步提问："假如我们把三张卡纸中的第二张或第三张向一侧偏移，立在最后一张卡纸后的纸屏上，还会有光点吗？"通过交流讨论，学生们得出结论：光是沿直线传播的，当三个小孔成一条直线时，纸屏上有光点；当移动卡纸后，三个小孔不在一条直线时，纸屏上就没有光点了。对科学问题的研讨交流过程是学生进行逻辑思考的过程，有助于培养学生实事求是的科学实证精神。

"和润"德育的落实，不是靠单纯的说教就可以完成的，也不会在知识的传授中自然形成。它需要一定的知识载体，科学教师重点培养学生的科学实证精神，注重有根据的科学猜测，坚持动手实践，加强研讨交流，让实证精神贯穿于学生学习的全过程，以期真正提升学生的科学素养。

（五）"和创"技能：声乐光影 美在人心

学校艺术教育承担着实施素质教育，改进美育教学，提高学生审美和人文素养，促进学生健康成长，推进学校艺术教育发展的重要使命和责任。"和润"德育中的美育是指以美育人、以文化人，深植厚培，多措并举，让学生发现美、感受美、表现美、鉴赏美、创造美。

1. 构建美育体系化思维

学校以提升学生审美和人文素养为核心，以创新能力培育为重点，构建了集音乐、美术、戏剧、书法、舞蹈为一体的美育体系课程。

在常规课堂上，教师着力于引导学生欣赏和创造。例如，在欣赏马蒂斯的《舞蹈》过程中，流动的线条、色块的强烈冲击激发了学生的知觉与情感，提升了学生对造型的概括和提炼能力，也使他们体验到生活中简单的行为动作带来的快乐，进而使自己的创作也带有了感情的色彩。

"外师造化，中得心源"，美术创造永远是外化的形式和内在情感结合的结果。在获得强大的视觉体验的基础上，教师再以半命题形式让学生表达真实的情感。以莫兰迪的《瓶子》为引，看似普通的瓶子却承载着同学们对周遭环境的看法，对自身价值的思考以及对未来生活的憧憬。在同学们的作品中，教师看到了瓶子新的寓意，有关时间、空间与思考。

在拓展课堂上，美术审美教育对于树立正确的人生观，立德树人，树立积极向上的人生态度和担当奉献精神具有重要作用。美术审美活动可以净化人的心灵，提升道德情操，开拓积极向上的思想境界和道德追求，同时对于团结协作和担当奉献精神的培养具有促进作用，这对于认识和践行社会主义核心价值观意义重大。漫画研究社的《动漫故事会》激发了学生对日常生活的观察与思考，进而引起学生对生活、生命的礼赞，鼓励他们积极、向上地面对生活以及学习中的挑战，永远向阳，温暖如初；花开舞蹈社的《我们十六岁》的创编与排练，把健康快乐的学习生活的德育渗透在舞蹈教学当中。

2. 提升学生人文素养

学校通过开展丰富多彩的课外艺术活动，极大地丰富了美育实践活动的形式与内容，让学生有了更多地接受艺术熏陶与提升艺术素养的机会，为整体提升学生的人文素养奠定了坚实基础。

走出校园，遇见美。例如，学校组织学生到南京博物院，观赏艺术品，感受艺术家们在艺术品中所倾注的情感与愿景，传承博大精深的中华优秀传统文化。

聆听艺术，走进美。音乐与语言、建筑一样，都是民族生命的密码，扬琴、笙这些传统民族乐器，离学生的生活比较远，学校组织学生欣赏民族音乐会，让学生近距离观察、触摸这些民族乐器，感受到了演奏民族乐器的乐趣，普及了音乐知识，拉近了中学生与高雅艺术的距离。当这些承载着民族智慧的乐曲——呈现在学生眼前的时候，他们在实践活动中感受音乐的魅力，逐渐提升了追求美的觉察力与积极性。

3. 营造美育育人的良好环境

学校充分发挥学校、家庭、社会的合力作用，形成以美育人的立体工作格局。学校邀请家长义工走进学校和班级，开展公益文化讲座等活动，发挥家长的文化传承示范与表率作用。例如，在中秋佳节来临之际，学生和家长共同设计，亲手制作漂亮的贺卡，为节日增添了喜庆的氛围。在课上，在与学生的交流中，我们体会到了同学对节日的喜欢，对制作的喜爱，这些作品也给所有的同学带来了一种全新的视觉冲击和对传统节日的美好期待。再如，一位家长为了让儿子能了解世界，便和他一起用乐高搭起了世界各大著名建筑，并和他一起探究这些建筑背后的故事。这样的活动让学生体会到"家长的陪伴是他们最长情的告白"。

审美活动之所以对人的成长意义重大，在于它对人的作用的普遍意义，通过参与审美活动的理论学习和实践，学生的心智和修养会潜移默化地受到影响，学生的人文素养也会得到综合提升。

（六）"和健"体育：强健体魄 终身受益

良好的体育是指学生既拥有健康的体魄，也拥有阳光的心态。体育是"五育"教育不可或缺的重要组成部分，学校体育教学不仅仅是学生掌握运动技能，发展体能，也应该是学生提升综合素养的重要载体。"虽有嘉肴，弗食，不知其旨也。"而体育课程的特点是在上课过程中有大量的实践性活动和身体体验。在体育课中，通过体育实践，学生亲身经历和感受自身身心变化的过程就是"和润"德育落地的最佳途径。"和健"体育重点培养竞争合作的团队精神以及积极乐观的阳光心态。

1. 团结协作，培养团队意识

基于此，学校组织各类球类联赛，让尽可能多的学生参与到体育活动中来。例如，在足球联赛中，为了班级荣誉，队员研究备战，全力拼搏；场下学生服务后勤、加油呐喊，他们能共同分享胜利的喜悦，也能在失利之后相互鼓励、总结经验。每一场比赛都使学生直观地理解什么是团队合作，什么是挫折教育，什么是迎难而上、越挫越勇。

再如，学校组织以小组为单位的趣味运动会，其每一个项目都需要小组组员团队协作来完成。其中"击鼓颠球"游戏要求小组里的 10 个人每人牵着鼓上的一根绳子，剩下的一人负责在旁边捡掉下来的球。比赛开始后，负责捡球的人将球放在鼓面上，剩下 10 人开始颠球。在此过程中鼓不能落地，球一旦落地马上捡起来放上鼓面继续比赛。刚开始，学生们颠 1 个球后鼓就落地了，经过多次练习，他们发现拉绳很重要，无论如何，一定要保证鼓面的水平，这是重中之重。在 11 人中，队长是关键，他需下达口令，决定往哪边移动，稳定军心无疑是这个游戏的核心。拉绳的学生彼此之间要有百分百的信任，球掉之后不埋怨彼此而是快速调整状态，拉紧手中的绳子继续保证鼓面水平，全神贯注，沉着冷静。团队合作的要义便是小组分工明确，通力合作，方能取得最后的胜利。

2. 积极乐观，培养阳光的心态

体育活动能减少焦虑，提升个体的主观幸福感，让运动者获得特殊的情感体验。例如，跑步等田径类项目能培养学生积极阳光的心态。学生在长跑过程中会出现"极点"现象，这个时候学生很难突破由于体能极限而带来的身体惰性，进而产生心理惰性，会有放弃的想法。其实，"极点"出现后，凭着个人意志和毅力再继续坚持运动，就能克服身体和心理的惰性，"极点"现象所带来的症状也会逐渐消失，学生可以重新回到阳光平衡的运动状态。

在跑步的过程中，教师不仅需要及时给予学生鼓励，告诉他们哪怕降低跑步速度也不能停下来，让学生在运动中体会到"极点"的意义，感受克服"极点"后的轻松，明白"阳光总在风雨后"的道理。这是教师对学生意志力的培养，只有一次次的坚持，才能战胜自我。

再如，跑操是将跑步和班级集体运动融合为一体的"和健"体育项目。在跑操过程中，学生不仅要完成自己的运动，而且要配合周围同学的速度以达到队伍的整齐度。教师在组织跑操运动时，带领学生用统一的口号释放压抑的情绪，伴随音乐的节奏缓解学习压力。

积极运动的人能用自己的阳光心态感染身边的人。"和健"体育充分发挥学生的主体作用，引导和培养学生树立正确的人生观和价值观，在潜移默化中影响学生个性的培养，帮助学生塑造阳光开朗的性格。

二、我们的"小聚焦"

"国无德不兴。"一个民族有了崇高的价值追求，就拥有了走向繁荣振兴的航标；一个国家有了崇高的价值追求，就拥有了立于不败之地的精神支柱。

习近平同志曾在学校思想政治理论课教师座谈会上强调，学校要落实立德树人的根本任务，就要坚持社会主义办学方向，坚持教育为人民服务、为中国共产党治国理政服务、为巩固和发展中国特色社会主义制度服务、为改革开放和社会主义现代化建设服务。其核心就是要解决好培养什么人、怎样培养人、为谁培养人这个根本问题。在初中义务教育阶段，除了其他学科的德育渗透，道德与法治课就是完成这个根本任务的聚焦性载体。

（一）育人：无可替代的阵地

人的价值观的形成需要通过后天的教育、熏陶和引导。德国著名教育家第斯多惠说："教育的艺术不在于传授知识和本领，而在于激励、唤醒和鼓舞。"道德与法治课程是一门以初中学生生活为基础、以引导和促进初中学生思想品德发展为根本目的的综合性课程，其最基本的特征之一便是思想性，即以社会主义核心价值体系为导向，深入贯彻落实科学发展观，根据学生身心发展特点，分阶段分层次对初中学生进行爱祖国、爱人民、爱劳动、爱科学、爱社会主义的教育，为青少年健康成长奠定基础。

道德与法治课是对学生进行思想教育的重要阵地，是对学生进行德育的重要课堂，它在育人中的重要作用不亚于文化知识的作用，也具有不可替代的作用。树立学科德育理念，将道德与法治学科与"和润"德育相互整合，在整合过程中浸润学生身心，培育核心素养，是我们落实立德树人目标的有效途径。

（二）教学：我们一直在改变

日新月异的时代要求思想品德课教师在课堂、课后，必须开动脑筋、讲求德育教育的艺术性。"和润"德育的目标是营造"和谐、和气、人和"的德育氛围，追求"润人"至"人润"的德育境界。

如何具体落实思品学科的"和润"德育？我们提出了"五养"目标：养仁、养心、养行、养责、养志。"养仁"即继承优秀传统，关注优秀品德的培育；"养心"即培育具有阳光心态和健康人格的少年儿童；"养行"即培育学生的文明素养；"养责"即培养学生的责任意识，特别是培育他们对于家庭和社会的责任意识；"养志"即引导学生树立正确的人生目标和积极向上的个人理想，助力实现中国梦。实现这些，具体有两大追求：打造"无痕"的课堂，拓展考试的"无限"。

1. "无痕"的课堂

所谓"无痕"，就是不能单纯说教，而是入情入理，应激发学生的主体意识，主动靠近，刺激他们的兴奋点，使他们发挥主观能动性，从而实现由"要我学"到"我要学"的转变。初中学生在思想品德课的正确指引下，会成长为有责任意识的公民，形成正确的价值观。那么，德育就水到渠成，无缝衔接。

（1）榜样引领，弘扬"人文情怀"。学生核心素养中"人文情怀"重点是指具有以人为本的意识，尊重、维护人的尊严和价值，能关切人的生存、发展和幸福等。培育学生"人文情怀"，使其养成尊重、关爱、善待他人的良好道德品质，榜样的力量无疑是一种有效的途径。身教胜于言传，榜样的力量是巨大的。

例如教师在教学八年级上册第四课"社会生活讲道德"中，在班级里组成了"道德寻访团"，让学生去寻找、感受有关真善美的人和事。学生寻访到了不顾个人安危勇救跳楼轻生者的消防战士、勤俭节约的美德少年、践行环保理念的老年骑行者。学生还进一步将寻访对象拓展到了身边的普通人，比如邻居、老师、同学、小区里的保安等。学生把寻访对象的先进事迹和寻访体会记录下来，在"最美吴兴人"的模拟评选活动，介绍自己寻访对象的先进事迹，宣读自己的推荐词，最后投票评选出自己心目中的"最美吴兴人"。

朱小蔓教授说："德育不仅是带领学生学习，服从社会道德规范，而且引导学生内在地生长出道德的力量，使培养学生社会性、引导学生社会化的过程与培养学生独立性、引导学生内在精神发育的过程相互支持。"榜样导行，生动形象；榜样导行，亲切可学；榜样导行，富有感召。在榜样的引领下，弘扬"人文情怀"，打造"人文底蕴"，达成"养仁"的德育目标。

（2）感染熏陶，涵养"国家认同"。"国家认同"重点是指具有国家意识，了解国情历史，认同国民身份，能自觉捍卫国家主权、尊严和利益；具有文化自信，尊重中华民族的优秀文明成果，能传播弘扬中华优秀传统文化和社会主义先进文化；了解中国共产党的历史和光荣传统，具有热爱党、拥护党的意识和行动；理解、接受并自觉践行社会主义核心价值观，具有中国特色社会主义共同理想，有为实现中华民族伟大复兴中国梦而不懈奋斗的信念和行动。

例如，教师在教学八年级上册第十课"建设美好祖国"时，设计了以下三个教学活动。

> "厉害了我的国"小组展示活动。在展示中学生感受到祖国取得的巨大成就，为之自豪、为之骄傲。

> "朗读者"（主题：家园）活动。在唐宋诗词中，有许多脍炙人口、流芳百世的名篇。学生吟诵、鉴赏这些优秀诗篇，可以从中受到熏陶、受到启迪、受到感染，从而在心中播下爱国的种子，燃起报国的火焰，做一名心系祖国、献身祖国的有志学子。

> "个人理想与国家未来"演讲比赛。伟大中国梦的实现依靠千千万万的中华儿女，需要艰苦奋斗，需要实干精神。学生在演讲比赛中感悟个人梦与中国梦的关系，增强实现中华民族伟大复兴的责任感，化语言为行动，努力学习、积极探索，在砥砺前行中担负起历史重任。

三个主题活动层层递进，激发学生的国家认同感、民族自豪感、历史使命感，让他们有深厚的爱国之情、强烈的报国之志，更具有理性的爱国之行，真正促进学生"国家认同"的涵养，增强"责任担当"，达成"养志、养责"的德育目标。

（3）思辨探究，凸显"理性思维"。"理性思维"重点是崇尚真知，能理解和掌握基本的科学原理和方法；尊重事实和证据，有实证意识和严谨的求知态度；逻辑清晰，能运用科学的思维方式认识事物、解决问题。

培养"理性思维"，要选择贴近学生实际的教学资源，激发学生探讨的兴趣，拓展学生思维的深度和广度。例如，教师在教学八年级上册第五课"做守法的公民"时，播放了吴兴区法制教育宣传片《折翼天使》，宣传片讲述了一位中学生因不堪忍受社会不良青年的多次敲诈和殴打而捅伤不良青年的真实故事。案例就发生在学生的身边，非常生活化、本土化。整个案例以陈××的经历为主线，包含了"天使迷途折翼，青春如何续写""学法知法懂法，法理牢记心间""青春与法同行，共筑美好明天"三块内容。

教师在课堂问题环节中进行了多层次的设计。第一层次含两个问题：①陈××的行为是违法行为吗？为什么？②你如何看待受害者的行为？第二层次含三个问题：①有人说"法是冰冷的"，也有人说"法是温暖的"，请结合本案例谈谈你的看法。②这个事件给当事双方及家庭、社会带来了怎样的危害？③你觉得我们怎么做才能避免这样的悲剧？

两个层次的问题使学生理解到凡是不履行法律规定的义务，或者做出法律所禁止的行为，都是违法行为。在法与理的冲突中，感受法律的尊严与权威，理解做人的底线。同时让学生体会法律对未成年人的保护，引导学生培养爱法遵法的情感。通过合作学习，学生互相交流对于法律的感受，理解违法行为给个人、家庭、社会带来的影响，最后内化到实际行动上，从而达成"养行""养责"的德育目标。

（4）实践体验，培育"社会责任"。学生核心素养中"社会责任"的重点是指自尊自律，文明礼貌，诚信友善，宽和待人；孝亲敬长，有感恩之心；热心公益和志愿服务，敬业奉献，具有团队意识和互助精神；能主动作为，履职尽责，对自我和他人负责；能明辨是非，具有规则与法治意识，积极履行公民义务，理性行使公民权利；崇尚自由平等，能维护社会公平正义；热爱并尊重自然，具有绿色生活方式和可持续发展理念及行动等。

苏霍姆林斯基说："没有情感，道德就会成为枯燥无味的空话，只能培养出伪君子。"空洞的说教、硬性的灌输只会让学生厌烦，甚至产生对立和叛逆。品德的形成和发展，离不开学生的自我实践，国家和社会对公民的要求，只有通过实践，才能被真正认可。例如，教师在教学八年级上册第七课"积极奉献社会"中，利用学校"和润"德育活动——"重阳节关爱老人"，与学生共同来到红丰敬老院看望老人，给老人带去了温暖和笑声。学生为老人们表演了诗朗诵、唱歌等节目，送上亲手写的明信片，很多学生还主动帮助老人打扫楼道卫生。这种至善向善行善的活动，使道德认识内化为道德行为。学完这一课，学生的实践成果丰富多彩，有的学生参与环保宣传活动，有的学生回到家中做起了家务，有的学生积极参加学校的义务劳动。这样的实践活动能引导学生内在地生长出道德力量，有效地培育了他们的"社会责任感"，达成"养责""养行"的德育目标。

2. "无限"的考试

"无限"的考试并非不断考试之意。考试成绩和品德显然不能画上等号。教师在遵循立意、情境、设问等命题三要素的基础上，努力从仿效度、真我度和持久度三个方面来提升学生情感体验效度，从而达到知德、品德和行德的层层递进和统一（见图 3-1）。有别于其他文化课程的隐性和渗透性，思品（道法）课程中的德育特质则具有显性和专门性的特点。与之相适应，一道思品试题更应凸显其德育功能和价值导向。

（1）原创试题的理论架构。知识和技能可以用考试来量化考核，但道德、精神、情感等内化的因素也能量化吗？"和辩"社会的指挥棒是"立德树人"，探究的目的是"提升"学生情感体验效度。如何寓"德育"于"考试"之中呢？

①遵循学科性质。思想品德课程是一门以初中学生生活为基础、以引导和促进初中生思想品德发展为根本目的的综合性课程。"德育课程的性质定位决定了试题编制必然要以立德树人为至高目标，必须致力于服务学生的成长。"②落实核心素养。《中国学生发展核心素养》已发布，落实学科核心素养无疑成为教学改革的中心，成为试题研究和命题实践的新高地。何

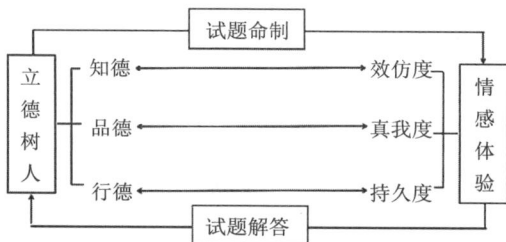

图 3-1　原创试题的架构

谓核心素养？个体在解决复杂的现实问题中表现出来的综合性品质，包括知识、能力、情感态度价值观三个维度。③构建心理机制。情感包括道德感和价值感两个方面。它是个体受其周围客观环境的影响所产生的一种主观感觉体验，可以是积极的，也可以是消极的。情感体验是指个体对自己情感状态的意识。情感体验多种多样，沙克特的理论认为，"有意识的情绪体验是刺激因素、生理因素和认知因素三个来源的信息输入的整合，其中认知因素起决定作用"。

"贴近生活""复杂的现实问题""周围客观环境"等，指引和推动着命题者们在试题中依托时政热点、社会生活、乡土人情等创设出形形色色的情境来拉近学生与生活的距离，"帮助学习者将一个要探究的概念与熟悉的经验联系起来，引导他们利用这些经验来解释、说明、形成自己的科学知识"，甚至"运用虚拟手段突破考生个人生活经验和生活时空的局限性，对其进行艺术再创造，用具体、生动的形式，形成考生似曾相识又从未见过的新情境"，譬如漫画、对话、故事等可谓形式活泼，新意层出。

（2）原创试题的实践突围。例如，教师原创的一道思品综合题（见图3-2）。

①效仿度中见知德。从现象到本质：本题在一个统一完整的情境内，引导学生综合运用心理健康和道德教育版块中的"看待网络交往，学会理性地利用网络参与社会公共生活""懂得诚信的基本要求，做一个诚信的人"来看待网络交往；利用法律版块中的"法律对未成年人的特殊保护，学会用法律保护自己"和"学会用法律维护公民受教育的权利，自觉履行受教育的义务"等知识点理性地参与社会生活。从微观到宏观：思想品德部分涉及心理健康教育、道德教育、法律教育和国情教育等诸多领域，势必要增强学科的综合性。本题将四个考点的核心知识融会于一个网络平台，三个生活场景凸显综合能力的培养，较好地体现了对能力的考查。在实际"运用"中由微观走向宏观，将知识转化为学生的认知结构和道德体系，引导学生多维度地思考、评价现实问题，避免观点的偏颇和行为的极端，从而更为客观和理性。②真我度中显品德。纸笔测试中情感体验效度低的表现之一就是

理性让互联网变得更美好。阅读材料,回答问题。

情境一　　　　　　　　情境二　　　　　　　　情境三

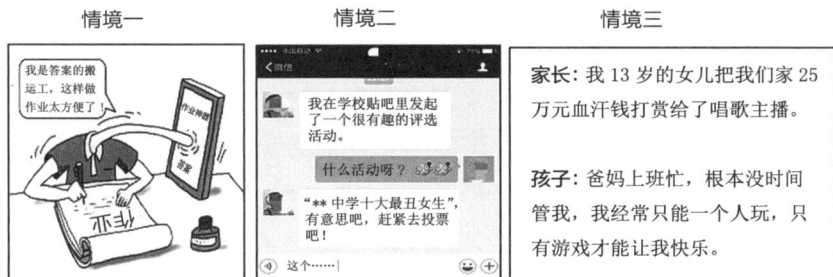

（1）道德是良知,法律是约束。请对情境一里初中生的言行加以评析。(6分)

（2）试从"行为后果"角度将情景二中的回复编辑完整。(2分)

（3）运用所学知识,说说如何避免情境三中的问题再次出现,从而真正享受网络带来的乐趣。(4分)

图 3-2　原创思品综合题

学生话语的失真性。如何打破学生认知和心理的防御壁垒,引导学生说出真实想法,掌握学生品质素养的真实情况,让学生真正认识自我,是教师所需探究的课题。③持久度中促行德。所谓持久,就是从考场内延伸到考场外。能让学生"念念不忘"的体验绝不仅仅是图文并茂的形式,而是设问所赋予情境的挑战性,让学生有想去亲自实践的"跃跃欲试"感。本题情境三中通过家长哭诉"我们家25万元血汗钱打赏给了唱歌主播"引出学生在利用网络上的不足之处,通过学生抱怨"爸妈上班忙,根本没时间管我"引出家长在引导学生正确利用网络上的责任,看似主体的"交错凌乱",实则架构了"换位思考"的体验机制,也为同学正确利用网络提供了新思路。

在道德与法治学科中渗透德育,是一个长期探索的过程,我们将和广大道德与法治教师共勉,基于核心素养理念积极探寻学科渗透德育的有效策略和途径,使"和风潜行、润物无声"的德育化为无形的力量,润泽学生的心灵,促进学生的成长。

第四章

化风成雨：育人体系

　　家庭是一个人生存成长的首要基地，学校是一个人接受教育的主要平台，社会是一个人谋生发展的基本环境。三者在培养人的过程中承担同样重要的责任。学校教育的缺失，难以靠家庭和社会教育弥补，往往会直接影响一个人；家庭教育的失当，会导致学生价值观、道德观的扭曲；社会教育环境的恶化，会使家庭和学校教育处于两难的境地。

　　但当下的教育生态相对失衡，学校教育在整个教育体系中占据的比重过大。为构建"三全"平衡的教育生态，湖州四中建构三位一体的"和润"育人体系，从"学校—学生""学校—家庭""学校—社会"三个途径，充分挖掘并合理配置教育资源，谋求教育时间、空间、方式上的互补，以求发挥教育的整体效应。

第一节 学校—学生：充分挖掘学校教育资源

学校里有教师、同伴、教育技术，本身就具备很好的教育资源。学生接受教师的示范和引导，形成正确的人生观、价值观，同时学生自身也是传播者，传递积极的正能量。现代教育技术保障学生身心健康的同时，也消除了学生与学校间的时空距离。"和润"德育下，学校充分挖掘这些教育资源，保障学生真正成为受教育的主体。

一、"教育，不止在办公室"

（一）关爱学生，做学生的良师益友

初中学生接受新鲜事物的能力较强，与成人相比较，他们更容易受到外界的影响。因此，他们不仅会面临源于学习，也会面临源于生活的疑惑和困难。这些问题出现的时候，就是教师发掘教育资源、关爱学生的最佳契机。

一是教师需要积极示范。教师的社会角色决定了教师自身就是积极的教育参照物。教师自身的形象和教师必备的素养会对学生产生直接的、巨大的影响，也是最能打动学生的。二是教师需要有同理心。当教师以学生的视角去看"他们的世界"，就能体会学生的心情，也能理解他们的思想。三是教师需要懂得沟通。与学生及时地交流，能帮助教师摸准学生的心理需求，与学生建立起相互信任的关系，使学生易于接受教师的积极示范。只有这样，教师才能在真正意义上成为学生生活上和学习上的良师益友。四是教师需要适时而恰当地赞赏。任何人都希望得到赞赏和认可，而学生

更是如此。当优点被发掘，学生能获得自我肯定，能与教师形成积极良好的互动。五是教师需要因人施教。学生的气质形态各异，因此对于不同的学生，最佳的教育方式也应有所不同。对于全面发展的学生，教师以前瞻性的引导教育，保障学生未来有更广阔的发展空间。对于不太自信的学生，教师以鼓励和耐心，帮助学生发现他们的优势，让学生对自己充满信心。以两则班主任手记为例，看教师如何实施德育：

　　班主任手记1：作为一个班集体的管理者，我们必须做到从各个方面去理解和关心学生，帮助他们解决成长过程中遇到的各种困难。一个好的班主任必须要爱班集体中的每一名学生，用一颗包容的心去宽容学生在成长过程中所犯的错误，同时分享他们的喜悦和成功。学会倾听是取得学生信任的第一步，只有赢得学生的信赖和敬仰，才能让他们在遇到困难时打开心扉，畅所欲言。每名学生都有自己固定的学习和生活圈子，想要倾听学生的心声，了解他们的喜、怒、哀、乐，就需要放下身为人师的架子，耐心观察发生在学生身上的每一件事，并且做到与学生真心实意地交流和沟通。这样在实施德育的时候，学生才能易于接受、乐于接受。

　　班主任手记2：要善于赞美，点亮学生自信。每一个人都有可能成功，但是能不能成功取决于周围的人能不能像对待成功人士那样爱他、期望他、教育他。心理断乳期的孩子自尊心很强，但又极其脆弱，耐挫能力较差。尤其是后进生，他们往往被教师和同学忽视甚至鄙视，得不到别人的尊重和信任，因而产生自卑心理，丧失对学习的信心，自甘堕落。作为班主任，我们应善于发现学生的优点和取得的点滴进步，并及时给予表扬，让他们感到自己被尊重、被欣赏，然后耐心地启发、诱导，晓之以理，动之以情。这样他们才会敞开心扉，跟教师进行情感的交流，愉悦接受教师提出的合理化的批评教育，并不断改正错误。

（二）团队合作，在同伴间架起爱的桥梁

沙利文提出个体的人格是由个体的社会关系塑造的。同伴的关系和团队的氛围对于身处青少年阶段的学生有着重要作用。学生自我认同感的获得，极大程度地源于同伴的肯定。"和润"德育下，教师充分挖掘"同伴关系"这一特殊的教育资源，"和润"班级普遍采用小组合作制度，教育引导学生相互协作，相互影响。

教师教育学生相互尊重，包容同伴个体的不足，分享兴趣，分担恐惧，建立积极平等的同伴关系，形成健康的自我概念。在相互尊重的基础上，学生相互影响，能包容并接纳同伴，能理解并接受不同的观点，营造和谐融通的团队氛围。学生之间架起爱的桥梁，最大限度地挖掘自身的内驱力。

良好的同伴关系，可以满足学生归属、爱以及尊重的需要，当学生被同伴接纳，受到同伴的赞许或尊重，会产生心理上的满足。学生还可以在与同伴交往中得到宣泄、宽慰、同情和理解，产生安全感和责任感。同伴间的合作更为每个学生提供表现自己个性和才能的机会与平台，促进学生主动修身，主动求知，主动劳动，主动管理，最后实现自我价值。班主任手记3、班主任手记4记录了教师如何帮助学生构建良好的同伴关系：

> 班主任手记3：集体与同伴的力量是伟大的，我在实践中经常以集体的方式变相"激励"，让学生感受到集体的温暖。多次借助班干部会议的机会，对班干部做思想工作，让他们认识到犯了错的学生也是我们的伙伴，我们不能让他们"掉队"。人都有缺点，我们要有针对性地帮助他们。在班干部的带头下，全班上下积极营造出和谐与包容的氛围，班干部真心实意地去帮助他们，其他学生也纷纷给予支持。因为孩子的天性是善良的、纯真的，经过这样一段时间之后，全班同学都逐渐学着积极地包容接纳他人的缺点。
>
> 班主任手记4：刚接手的一个初一班级，整个班级纪律较散漫。其

中一名学生总是做出一些与年龄不相符的言行举止，对什么事都不在乎，上课趴着，班级所有事似乎和他都没有关系，课外还经常带着一大帮同学违反纪律，让我头痛不已。经过调查与接触，我了解到他从小学开始就被打上"坏学生"的标签，且不爱学习。可是我也发现，他并不是没有扭转的希望。针对这种情况，我组织了"爱在我们身边"主题班会，把他的情况向学生说明，并告诉他们："当一个人遇到困难的时候，最希望得到的是他人的鼓励与帮助，而不是他人的嘲笑。"此后，在我的带领下，大家主动地去关心、帮助他。由于小学基础不扎实，他学习非常累，其他同学就轮流给他讲解难题，陪他一起玩。在大家的关心与帮助下，该名学生脸上的笑容多了，也表现出一种与年龄相符的童真。

（三）运用教育技术，保障学生身心健康

1. 运用心理技术手段

初中阶段是学生的生理、心理开始快速发展的时期，也是学生心理发展的复杂、关键时期。这个时期的学生，身体和心理快速发育成长，但由于自我认识不足，又缺乏足够的人生阅历与思维能力，心理容易出现各种问题。学生的逆反心理和反叛情绪，容易导致自负心理、自卑心理、厌学心理、同伴过度交往等问题。学校是除家庭以外学生生活、学习的主要场所，因此，教师实施系统的心理健康教育，为学生所面临的困境提供专业的技术指导，为学生身心健康成长保驾护航。

例如，教师运用青少年自评量表（YSR）对学生进行心理测量。该量表根据中学生的行为特征，主要测量学生8个综合特征：退缩、躯体主诉、紧张感/不适、社交问题、幻想、滋扰、违纪行为、攻击行为。按两维度划分法，退缩、躯体主诉、紧张感/不适为内向型问题，滋扰、违纪行为、攻击行为归为外向型问题。在专业心理测量的基础上，教师对测量结果进行科学专业的分析，通过数据准确掌握学生可能出现的心理问题

（见图 4-1），帮助学生解决心理困惑，纠正心理和行为的偏差，保障身心健康发展。

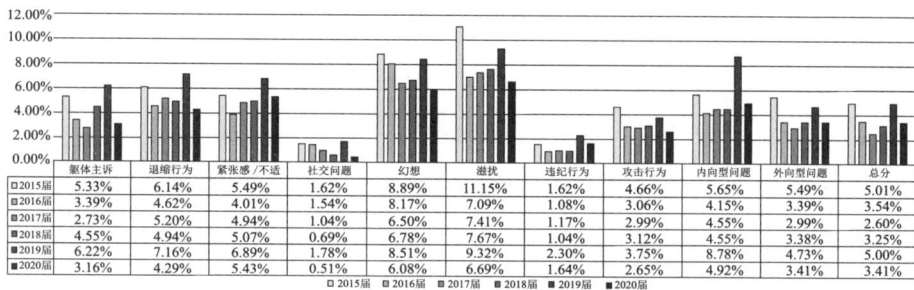

	躯体主诉	退缩行为	紧张感/不适	社交问题	幻想	滋扰	违纪行为	攻击行为	内向型问题	外向型问题	总分
2015届	5.33%	6.14%	5.49%	1.62%	8.89%	11.15%	1.62%	4.66%	5.65%	5.49%	5.01%
2016届	3.39%	4.62%	4.01%	1.54%	8.17%	7.09%	1.08%	3.06%	4.15%	3.39%	3.54%
2017届	2.73%	5.20%	4.94%	1.04%	6.50%	7.41%	1.17%	2.99%	4.55%	2.99%	2.60%
2018届	4.55%	4.94%	5.07%	0.69%	6.78%	7.67%	1.04%	3.12%	4.55%	3.38%	3.25%
2019届	6.22%	7.16%	6.89%	1.78%	8.51%	9.32%	2.30%	3.75%	8.78%	4.73%	5.00%
2020届	3.16%	4.29%	5.43%	0.51%	6.08%	6.69%	1.64%	2.65%	4.92%	3.41%	3.41%

图 4-1 2015—2020 年初一学生 YSR 测量非典型行为占比研究

再如，教师积极开展班会形式的团队辅导。在"告别云教学"团队辅导中，教师引导学生感恩在云端学习中辛勤付出的教师们和温暖陪伴的家长们。同时，教师还引导学生有仪式感地通过书面约定、视频记录等形式告别云端学习，为学生回归常规的课堂学习打下坚实的心理基础。

"和润"德育下，教师除了传统的教育手段之外，还需必备一定的专业心理健康教育能力。教师需要注意自己的言行举止，为学生树立积极向上的榜样；教师需要学习专业心理咨询技术，完善心理学知识；教师需要积极观察学生的心理动态，及时解决学生出现的心理问题；教师需要积极与学生、家长有效沟通，使学生形成健康的心态、健全的人格，为其全面发展打下良好的心理基础。班主任手记 5，显示了教师具备专业心理健康教育能力的重要性：

班主任手记 5：善于"共情"，克服逆反心理。按照人本主义大师罗杰斯的看法，"共情"就是体会并且认同他人内心世界的态度和能力。比如对于青春期的孩子，最敏感的话题就是异性交往。有一个学生写信告诉我，他喜欢上了班长，可是班长知道了就不理他，他很烦恼也很痛苦，又不敢和父母说，只好向我求助。看到这封信后，我和他好好地谈了谈。我先告诉他这种想法是很正常的，是青春期性心理发展的正常反应，不需要慌张。说完，他抬起头来听我说。此时我知道自己已获得了他的信任，那么接下来的开导就顺利了，他自然就听得进去了。这就是"共情"，站在学生的角度上去思考问题，多理解他们的感受，而不是单纯地否认，这样学生就消除了对立情绪，愿意接受引导。现在的孩子成人意识发展迅速，有自己的一套衡量标准。如果教师一味地把自己的想法强加给他们，只会使学生产生逆反心理，更加无法接近，事情也就更难解决。相反，倘若我们能和学生平等交流，多设身处地地体会他们的内心感受，采用和风细雨式的教育方法，则可轻而易举地让学生"脱掉防御的大衣"，达到更好的教育效果。

2. 运用"互联网 +"技术手段

"互联网 +"时代，充分利用多媒体智能终端是教师进行"和润"德育教育的重要手段。微信、钉钉成为教师开展教育工作的重要交流工具。微信、钉钉的交流不受时间和空间的限制，具有强烈的时效性；微信、钉钉的语言风格具有创新性，更易于被倾听和被接受，有助于教师摒除高高在上的权威形象，拉近师生、家校关系。充分利用"互联网 +"技术手段，可以提高"和润"德育的有效性。

"和润"德育下，教师通过"互联网 +"技术手段的分组功能，快速精准地把握学生和其原生家庭在成长过程中遇到的每一个问题，并根据不同的分组分层，给予精准的信息推送。教师通过"互联网 +"技术手段的即时功能，可以和学生、家长进行实时沟通，快速响应学生和家长所遇到的问题，并随时随地做出反馈。教师通过"互联网 +"技术手段的分享功能，充分向家长展示学生不同的特长、优秀的成果，表彰优秀和进步；同时，也向学生展示家长不为人知的努力和在学生背后的支持。教师通过"互联网 +"技术手段的互动功能，打破空间障碍，整合教育资源，把主题沙龙、家长会、问题研讨等搬上"云端"，切实提升"和润"德育的有效性。班主任手记 6 中就显示了"互联网 +"的需要性：

班主任手记6：初中学生进入青春期，开始出现叛逆心理。由于和学生存在一定的年龄差距和代沟，我在开展德育工作时常常无法打开学生的心扉。然而，微信的线上交流，让我可以以网友和朋友的身份与学生沟通，可以拉近学生与我之间的心理距离，使学生逐渐卸下心防，愿意在非现实的环境下倾诉自己的想法和困惑。这时，我可以及时给予辅导，解决学生的烦恼，减轻学生的心理压力，消除其消极的情绪和心理。很多初中生通过微信朋友圈、小视频来分享自己的心情和生活，教师也可以经常关注学生的朋友圈，掌握学生的情绪变化和心理状态，针对学生的心理实施互动德育教育。当学生发表一些积极的文字后，要给予肯定和鼓励，让学生知道自己的想法是对的；当学生发表一些消极的观点或是有不良的情绪后，要及时了解情况，与学生进行沟通，对学生的困惑进行针对性的疏导，站在朋友的角度给予建议，并在建议中渗透一些德育的思想，让学生的心理积极向上。微信的运用使德育教育突破了传统的教学模式，对学生的思想辅导针对性更强，可根据学生的实际情况解决问题。

二、"错了，我来帮你"

世界上没有十全十美的人，每一个人都有犯错的时候，学生当然也不例外。教师要承认并尊重这些事实。"和润"德育认为处于懵懂、叛逆且未能正确分清是非观念阶段的初中生，犯错是很正常的，在思想、心理、行为规范和学习等方面遇到问题也是很常见的。当所犯的错误具有长期性、反复性、严重性三个特征的时候，学生无法轻易地靠自己来纠正偏差的行为。当教师在帮助这些"犯错的学生"时，不能贴标签，而要了解学生错误背后的成因，及时准确地处理学生的问题，并帮助其改正错误，纠正偏差，防止问题严重化。

以小A同学为例：小A同学，一名15岁的八年级男生，是家里的独生子。他的家庭经济条件不错，父母文化程度不高，但是对 A 同学宠溺有加，从未让他帮家里做过一件家务，经济上也不多加克制，基本上孩子有什么要求都及时满足他。平时父母工作忙碌，缺乏和孩子沟通，并未更多关注孩子的心理成长。在教育方面，他父亲虽较容易走入孩子内心，但恼火时便棍棒相加，用体罚代替说教；母亲经常当众数落小 A 的缺点，缺乏对小 A 的尊重，导致亲子对抗特别激烈。在学习方面，小 A 同学没有养成良好的学习习惯，经常不集中注意力，加之勤奋不足，致使小 A 的学习成绩很不理想。在行为表现方面，小 A 经常说谎、玩手机、抽烟、约架，还有旷课、离家出走的情况。在学校，小 A 也不太融入班级团队，不愿意参加班级集体活动。

（一）学生错误的成因

初中学生往往在知、情、意、行四个方面会遇到普遍性的问题。

1. 认知上缺乏内驱力和自我调控

自我认知起着调节个人行为的作用，是个体心理发展成熟的一个重要标志。初中阶段学生的自我认知是关于自身学习能力、学好的信心、参加学习活动的自信等方面的主观理解与判断。当学生在自我认知上有偏差，其往往表现为自卑、不自信、情绪不稳定，遇到挫折不会控制和调节自己的情绪。典型的例子就是遇到学业压力，当学生无力抵抗时，往往会选择逃避或放弃，进而在手机和游戏里寻找存在感和安全感。

"其实我也想上大学，只是老师讲的那些东西我完全听不懂，所以上课只能睡觉或者说话，否则就会很无聊的……那些考试更是如此，看着就头疼，根本不知道怎么下手，完全不会做，太难了……"小 A 同学的自我认知有偏差，把自己的失败归于能力差、思维迟钝、记忆力差或任务难度太大等因素，对自己丧失自信心。同时，小 A 同学在家就属于比较懒惰的类型，几乎不做家务，生活上的懒散扩展到了学习等成长的各个方面，造成了恶性循环。

2. 情感上缺乏团队观念与沟通能力

当下,大多家庭都是父母围着孩子转,形成"众星拱月"的家庭格局。在这样家庭背景下成长起来的学生,容易形成精致的利己主义。其具体表现为:待人处世处处以自己的利益为重,在生活中我行我素,放任自流;缺乏正确的是非观念,意志力薄弱,一旦受不良因素的诱惑,就很容易犯错。同时,由于生活压力,部分父母往往无暇监管自己的孩子,或对自己孩子监管不当,一旦出了问题,只会采用简单粗暴的方式,而不懂得"倾听与沟通"。这样的家庭中,父母只能满足学生的物质要求,不能走进他们的心理世界,而学校和老师的教育无法取代家庭教育,因此学生沟通能力欠缺,自我封闭,容易犯错。当在全班都为运动会全力以赴时,小 A 同学却在校园内四处游逛,甚至擅自弃权比赛项目,可见其意识中并未形成团队观念。

3. 意志上缺乏自控力与持久性

初中阶段,学生生理发育飞速,心理上力求自主自立,喜欢评判批评,特别愿意以自己尚不成熟而且局限的认知程度去评价事物,甚至以自己的喜好来决定自己的行为,逆反心理达到最大限度。学生由于自我控制能力不够,是非观念不明确,往往经不起外界的诱惑,管不住自己。而有些家庭溺爱孩子,对其物质要求不加限制,也没有对其进行意志品质的训练,这导致学生无法坚持做一件事,哪怕是最感兴趣的事情。小 A 经受不住网络世界的诱惑,在网络的世界里不分对错,结交充满负能量的朋友,结伴抽烟、酗酒、打架滋事,但当其意识到问题想要戒除网瘾的时候又坚持不了多久。

4. 行为上缺乏文明礼仪与诚信

家长是学生的第一任老师,学生在成长中首先会学习和模仿别人——特别是自己父母的一言一行,从而形成自己的人格。而现实的家庭教育中,有的家长对学生有暴力倾向,学生就会转而向其他更弱的人施暴,从而释放内心的压力。家长的"身教"胜于"言传"。学生的文明礼仪行为习惯多受家庭教育影响,这就是所谓的"家教"。同时,当学生在生活和学习中不能符合教师和家长的要求时，他们往往会用谎言进行自我保护。严重的甚至可能会信誓旦旦地承诺改正错误，但是，事后很快会忘记。小 A 同学爱说脏话，喜欢用亮色系的衣服代替校服，发型奇异，手指有文身，座位四周经常有垃圾，喜欢调侃女生。小 A 同学还会用各种借口阻止教师与家长的沟通。

（二）错误行为的纠正

1. 心理健康辅导，关注学生心理现状与需求

教师对需要帮助的个体学生进行个案分析，具体分析学生家庭成长背景、性格特征、事件起因。根据不同的个案，寻找适合不同学生的专业心理技术手段，和其建立良好的沟通交流基础。在此基础上，帮助学生认识自己和他人，了解自己错误的行为，改变自己错误的观念，重新构建正确的行为模式。

教师还对有相同情况的学生运用团体辅导技术。教师通过学生间的交互作用，促使学生在和与其有相似情况的他人交往中，观察体验，认识自我、调整改善，建立正确的态度与行为方式，助人助己。

针对小 A 同学的情况，教师选取一些具有代表性和普遍性的问题，开展主题活动，例如开展"网瘾有害健康"主题活动、"如何正确交友"主题活动等。在与同学的互动中，小 A 缓解了犯错所带来的心理压力，重新建立起对规则的尊重，同时通过与小 A 沟通，教师更加了解其心理现状和需求，从而更有效地帮助其纠正行为偏差。

2. 发挥"合约精神"，引导学生自我教育和行为纠偏

习惯的养成是日积月累的结果，因此，纠正错位行为也不能一蹴而就，需要一个长期的过程，有时可能还会具有反复性。在前期充分了解学生并建立良好沟通的基础上，教师协同学生和家长，共同约定需要纠正的错误行为以及教师和家长的监督模式，通过合约的方式固化三方共识，保障后期的行为纠正过程能顺利推进。

小 A 的错误行为习惯具有长期性和反复性的特点，因此小 A 同学与家长形成约定（见表 4-1），教师共同帮助监督。

表4-1　小A同学与家长协商制定的"合约"

完成项目	周 一	周 二	周 三	周 四	周 五	周 六	周 日
不无故离家出走							
认识新的朋友要告诉父母该朋友的具体情况							
每天和妈妈聊天半小时							
每天打扫鱼缸							
每天扫地拖地，晚餐后洗碗							
早晨七点十分起床							

学生自评：

教师寄语：

　　在小A的"合约"中，所需完成项目内容都是协商制定，符合小A的认知，家长需要对其完成情况进行监督并做出评价。这表现了对小A的尊重，也是小A自我承诺、自我教育的过程，他可以对自己的行为纠正过程进行评估、再修正。小A与父母在合约上签字，更能让小A充分重视这份合约，尊重自己的承诺。小A同学在一周后顺利完成评估内容，表现良好、进步显著。

3. 家校形成合力，帮助家长找寻教育的有效方法

　　从家庭方面来说，每一个"问题学生"的背后必定有一个"问题家长"。家长是孩子的第一任老师，其生活态度直接影响学生的发展。作为家长，要帮助孩子纠正错误的行为，首先要改变自己，教师则需要及时给家长提供助力。通过家校合力，家长加强学习，掌握必要、有效的教育理念和沟通方法，为每一个学生营造一个安全、和谐、健康的成长环境。

　　小A同学的妈妈一直没有寻求到一种与孩子交流沟通的正确方式。在老师的帮助下，小A妈妈聆听了一些青春期孩子成长的心理健康讲座，一边学一边改善自己的教育方法，做到对孩子宠溺有度。一方面对小 A 的闪光点不吝表扬之词，另一方面还对小 A 进行挫折教育，教其学会面对困难，磨炼其坚强的品质。针对小 A 同学容易急躁、缺乏耐心，遇到压力即偷懒逃避的情况，父母适当训练他"延迟满足"能力，比如小 A 同学为了获取一件新衣服，需要克制自己的惰性，放弃眼前的安逸，接连打扫一周的卫生或坚持晨跑一周。这一训练有助于小 A 坚持完成任务、协调人际关系、纠正行为习惯。

4. 实行多元评价，挖掘学生的自信心与闪光点

加德纳认为，对学生的评估方案如果不考虑个体之间的差异、个人在不同阶段的发展和多样化的专业知识之间的巨大差异，将逐渐落后于时代的需要。"和润"德育注重对学生个性化、人性化的评价，而不是用"一个尺寸适合所有人"来评价学生。教师注重采用个体问题的差异评价，制定多元化、个性化的评价标准，以满足学生的实际情况，使每一个学生都能获得成功的喜悦，增强自信心。评价的主体来自各个方面，包括学生的自我评估。充分考虑各方面的评价结果，从而多角度、更全面地衡量学生的发展。"和润"德育的教育目标之一也是让学生自我评价，自我管理。表 4-2 为小 A 行为纠正过程性评价表。

表 4-2　过程性评价表

我的活动／评价		老师评价	同学评价	家长评价	自我评价
班级义务劳动	拖　地				
	扫　地				
	擦黑板				
任课老师助手	语　文				
	英　语				
	数　学				
家务小能手	整理房间				
	炒　菜				
	洗　碗				

续表

我的活动 / 评价		老师评价	同学评价	家长评价	自我评价
兴趣爱好	打篮球				
	唱　歌				
	看小说（讲故事）				

细化评价内容和标准，能切实地帮助小 A 进行有效的自我认知，肯定自己，鼓励自己，发掘闪光点，成为一个真正有价值、被周围环境认可的人。

学生犯错具有反复性，教师还需要针对反复犯错的学生建立教育指导档案，加强监督和指导，使学生彻底纠正错误行为并得到巩固强化。

"犯错的学生"是教育实践中普遍存在，让大多数教师和家长倍感头疼的问题。但是"和润"德育认为，只有学校、家庭、社会共同努力，真正为"犯错的学生"创造一个和谐的环境，使他们走出心理误区，摆脱无形的标签，如此才能让学生走上适应其自身发展的成才之路。

亲子关系案例

我是不是没人要了

【案例背景】

小明（男，15 岁，家族无重大疾病史，无精神疾病史）的父母经常吵架。一次因为小明成绩退步并且出现作业少做现象后，我找来了他的父母，没说几句父母就因为孩子的教育问题吵开了。妈妈指责爸爸对孩子不负责任，经常应酬聚会到很晚才回来，回来了对孩子也不闻不问；爸爸指责妈妈不懂教育，每次只会骂孩子，既弄不好夫妻关系，也搞不好母子关系。虽然是在学校办公室，但两人似乎都气头不小。在我反复的沟通调解下，家长同意在家多关心孩子，多关注孩子的学习。后与孩子聊天得知，这样的情况在家十分常见，爸爸妈妈经常是三天一小吵五天一大吵。

一段时间过后，再与该生沟通时，发现他的成绩并没有想象中有所进步，而是退步加剧，由原来的八十几分降到 46 分。他在上课的时候经常走神、发呆，这种状态每日频繁出现。作业每日均有少做漏做的现象。不想学习、烦躁、易激惹，经常因为一点小事而发火。不太愿意和周围同学讲话，经常一个人在座位上发呆。当老师批评他时，他则表现出一副很烦躁的样子。直至某一天，数学 46 分的试卷发下来时，他突然间发泄似的把卷子撕了。睡眠质量差，夜里多梦且经常惊醒，导致第二天起床后疲惫不堪，平均每周会有五天晚上如此。

他在周记里写道："爸爸要么不回来，只要一回来，不管是什么时候，几点，他们必然会爆发一场'世界大战'。爸爸的吼声，妈妈歇斯底里的责骂声和哭声，接着传来的是乒乒乓乓摔东西的声音……直到最后"呼"的一声剧烈的关门声，一切又恢复平静。"每次当他们争吵的时候，小明都把自己关在小房间里，把自己的存在感降到最低，生怕自己会再次触发"世界大战"。多少次梦里，这样的场景一遍遍上演，梦见爸爸妈妈去民政局离婚了，无论自己怎么哭、怎么喊，他们似乎都听不见。于是小明在周记里写道："很多个深夜，我常常被这样的噩梦惊醒。内心充满自责和恐惧，觉得是因为自己成绩退步爸爸妈妈才吵架，是因自己不乖他们才要离婚，他们是不是不要我了。"所以，他害怕做梦，害怕睡觉，每天都会看点书来分散注意力，于是睡得很晚，而第二天又起不了床。

学校里的小明没有了以前的活泼开朗，基本上独来独往，不爱和同学聊天，喜欢一个人看小说。用他唯一的好朋友小孙的话来说，小明敏感、不爱和同学开玩笑，别的同学开玩笑时他会觉得他们是不是在说他，而且容易冲动。老师反映小明像变了个人，不自信、不爱学习、上课走神，回家不好好做作业，而且现在写作业、考试经常涂涂改改，速度超级慢。

【案例分析】

从目前表现来看，小明极其不自信，总是东想西想，作业、考试老是涂改，总担心自己写错，上课走神，学习上没有上进心。对同学、对老师总是疑神疑鬼，觉得大家都在说他的坏话。情绪上则时而暴躁易怒，时而低落，无精打采，焦虑、抑郁，表现为言语（言语暴力）或行为（以肢体攻击他人或财物）强度或持续时间与所处情况及所受的挑衅完全不成比例。这种情况符合 DSM-5（美国精神障碍诊断标准五）中关于破坏性心境失调障碍（F34.8）的诊断标准。

根据该生的叙述，分析原因：

1. 生物原因

青少年期生理发展的加速和性成熟的加速，使该生对自己的生理状况感到不适应，甚至会对这种突然到来的急速发育产生陌生感与不平衡感，从而出现诸多心理生物性紊乱。该生会遇到许多压力、矛盾和危机。

2. 心理原因

认知方面：有过度的负性自动化思维。认为父母的冲突都和自己有关，认为自己是家庭矛盾的根源。觉得自己很没有用、很糟糕等。

情绪方面：内心体验敏感深刻，心境波动大，应对刺激的能力弱，容易焦虑、紧张、抑郁，情绪不稳定。

行为方面：自主性差，缺乏解决问题的策略和技巧，对父母过度依赖，因此当父母关系紧张的时候往往感到生存受到威胁，焦虑，觉得自己难以承受。

3. 社会原因

父母关系紧张，经常吵架甚至暴力相加，使得他赖以生存的家庭面临瓦解。他在心理上极度缺乏安全感，无心学习及参加其他各项活动。敏感多疑的心理导致其难以与他人建立和谐的人际关系。

【辅导目标】

根据该生的问题，设计以下辅导目标：

1. 帮助该生改善自身的睡眠状况，缓解抑郁情绪。

2. 通过 CBT 帮助该生发现自身存在的不合理信念，并运用苏格拉底辩论法帮助该生改善不合理的认知观念和评价体系。

3. 通过格式塔技术，让该生对父母适当地宣泄，并对再次爆发的家庭矛盾预留一个自我愈疗的机会。

4.通过与父母沟通，改善其家庭氛围，降低该生的自罪感。

【辅导过程】

根据个案的情况，整个辅导过程分成四个阶段。

第一个阶段：首先运用宣泄技术、放松技术让该生放松下来，不再神经紧绷。告诉该生闭上眼，调整好呼吸，深呼吸，再呼吸，"头皮放松，大脑放松，眼睛放松，耳朵放松，鼻子放松"……尽可能细致地说出让他放松的部位，越细致效果越好。让他从头到脚放松下来，让他感觉不那么烦躁、难受。

第二个阶段：根据认知行为疗法（CBT）负性自动化思维，发现该生有"自罪感"。他觉得都是"我"不好，因为自己不好所以与同学沟通困难，才会导致父母离婚。巧用苏格拉底辩论法，问该生为什么觉得是自己的错导致父母离婚。他说因为自己成绩退步、表现不好父母才争吵，直至最终离婚的。那么其他成绩退步、表现不好的同学家里父母都会吵架吗？所有父母都会因为孩子吵架而离婚吗？结论显然是不成立的，父母离婚不是他的原因，至少不全是他的问题。通过改变思维来改变认知，从而消除不良情绪和行为，帮助他一一调整这些不合理信念，改变负性自动化思维，接纳父母离异的事实，尊重父母的选择，知道这不是自己的错。虽然家庭解体但血脉相承，父母对他的爱没有变，他的生活也许和别人不同，但幸福可以和常人无异。

第三个阶段：使用完形疗法（格式塔技术）中的空椅子技术，让他与虚拟的妈妈对话。该生既扮演妈妈也当自己，每次一个角色只能说两句话。问："妈妈你们为什么要吵架？是不是因为我啊？"答："不，小明，跟你没有关系，是爸爸妈妈性格不合。对不起，小明……"问："那么你们为什么要离婚？能不能不离婚？"答："妈妈和爸爸没有感情了，在一起只有争吵。"问："你们都不爱我了吗？都不要我了吗？"答："不！妈妈很爱很爱你，爸爸妈妈虽然离婚了，但在我们心里，你依然是我们最爱的宝贝。"

问："妈妈，那我以后可以找爸爸吗？"答："可以，他依然是你爸爸，只要和妈妈说一声。"问："那如果我学习进步了你会奖励我吗？可以让你们陪我一起看电影吗？"答："你学习有进步了，或者老师表扬你了，可以奖励你。"……引导他和内在的自我对话，寻找自己处理问题的内在模式，由自我攻击，自我否定，索取爱到发现自己的力量和价值，付出爱，尝试多种爱父母的方式。

第四阶段：调动社会支持系统的力量。老师应理解、接纳、陪伴、关爱他，给他温暖和支持；引导老师和同学对他多肯定、多认可，帮助他形成积极的镜像自我，实现社会化；与父母联系沟通，让其认识到自己的决定给孩子带来的影响，离婚后也应多关爱孩子，同时建议父母带孩子去医院诊断、治疗。

【辅导效果】

通过心理辅导，该生在校表现较好，睡眠有了很大改善，上课也没有了打瞌睡的情况。根据教师观察，该生下课的时候开始和同学说说笑笑，会和同学一起打水、上厕所，有时还会问问组长题目，与同学的关系逐渐融洽起来。

【案例反思】

孩子是父母的小天使，除了父母谁都给不了孩子最需要的关爱和保护。所以，尽管夫妻离婚了，也要尽最大的努力呵护孩子纯真而脆弱的心灵，因为当初谁也没问过他是否愿意就将他带到了世上。

作为老师，我们也需要从孩子的一些行为细节中发现其心理困惑和心理压力，并及时加以疏导和关心，让孩子从老师、班级、学校中体会到大家的爱、社会的爱，这对孩子的成长有着深远的意义。

另外，随着社会节奏的加快，夫妻感情不和、离异的情况越来越多。面对家长离异，如何让孩子客观地看待，保证其健康的成长，或许不只是教师需要不断研究的，也需要家长和社会的关注，让孩子变得阳光和健康。

第二节 学校—家庭：全面助力家庭教育

作为孩子的第一任老师，父母的言传身教、教育方法会直接影响到孩子的成长。因此，家庭教育在学生成长过程中显得尤为重要。但实际上，初中阶段的亲子沟通是摆在家长面前的一大难题。大多数家长意识不到亲子关系是一段需要维护的人际交往，而"健康"这个概念，是需要通过学习和改变来使其变得美好。这就是造成家庭教育在"三全育人"体系中比重过轻的直接原因。学校作为学生成长的主体教育环境，需要对家庭教育加强指导，全面助力"三全育人"体系回归平衡状态。

一、家庭教育大数据

新时代的家长不同于传统意义上的家长。目前的初中生家长主体群落为80—85后，即计划生育后所出生的一代。作为"独生子女"，他们童年度过了美好的一段时间，学历也略高于上一代人。然而作为初中生家长，他们的角色正经历着微妙的转变，曾经是父母的掌上明珠，现在则背负起家庭的责任。他们接受到比较好的素质教育，同时也耳濡目染地接受了社会发展变革所带来的新思想，因此他们的精神生活相对上一代人来说更加富足，对于教育就有着更高的要求与追求。

为全面地了解家庭教育背景，把握家长对于家庭教育的困惑，"和润"德育通过网络调查的方式，建立了家长的大数据库，用客观的数据保障学校家庭教育指导规划设计的可行性、针对性和有效性。

以学校的七年级学生家长数据调查为例，目前的家庭教育反馈出如下的情况：

（一）家长群体的教育管理理念和管理方式呈正向正态分布

数据显示，学校七年级学生由父母监管的有1138人，占比78%。其中父母每日陪伴孩子超3小时以上的有788人，占比57%。对于"您是否经常夸奖孩子"，有1280人选择夸奖和批评都有，占比87%。认为"进入初中，不能打孩子"的有1152人，占比79%。对手机的管控，有1147人表示"孩子平时不玩，周末有控制地玩手机"，占比78%；有1107人和孩子制定过"手机公约"，并且坚持监管，占比76%。在对孩子未来的期望这一问题上，有1281名家长表示"希望其吃苦努力，超越自我"，占比87%。

通过解读数据，教师发现家长能充分认识到教育管理和学习品质的重要性，大部分家长能意识到要对孩子负责，并且大部分家长通过陪伴孩子来坚守监护人的本分。在家庭教育方式上中，很多家长都意识到并做到批评与表扬并重，并在手机管理这样的难点问题上采用管理和协商的积极教育手段。可以说，大部分家长群体赞同学校教育，表现出良好的家校合作态度。

（二）家长群体在家庭教育中存在的问题也呈较集中聚焦分布

数据显示家长在家庭教育中存在的问题高度聚焦。有729个家庭成为二胎家庭，占比高达50%。有1039个家庭是由母亲主要承担管教孩子的重任，占比高达71%，父亲教育严重缺失。家长的家庭教育理念还存在着误区：有512位家长认为"陪孩子做作业、检查作业和签字是最有效陪伴方式"，占比35%。能做到在孩子面前不玩手机的家长仅有139人，占比11%。家庭教育不仅仅是陪伴作业，家长自身对使用手机的态度等数据，是促使学校规划设计家庭教育的方向。

（三）家长群体对于家庭教育指导的需求及方式呈多样化态势分布

数据调查的问题之一是"您目前最想解决的家庭教育问题是什么"。有221人选择"孩子电子产品的使用"，占比15%；有285人选择"孩子学习无动力"，占比 19%；有 65 人选择"家人家庭教育观念不一致"，占比 4%；有 751 人选择"如何与孩子沟通"，占比 51%；还有 144 人选择"其他"，占比 10%。另外，学校还对家长阅读习惯进行了调查，有 857 人很少阅读，占比 58%。向家长征集家庭教育学习途径的数据，结果显示有 345 人选择家长会，占比 24%；有 322 人选择家长教育经验交流，占比 22%；有 263 人选择家庭教育讲座，占比 18%；有 237 人选择书籍，占比 16%；选择网络的有 142 人，占比 10%；选择其他的有 44 人，占比 3%；还有 113 人选择空白，占比 8%。

家长各自需求不同，接受指导、产生共鸣的方式也不尽相同。对于他们而言，大部分人是首次担任初中生家长这个角色，他们确实需要学习，因此，对于学校而言，他们就是另一个课堂的学生。"和润"德育的家庭教育指导势必要采用不同的形式，照顾不同家长的需求，当家校双方作用于同一方向，教育才可因势利导，最后皆大欢喜。

二、普适性家校合作

国家 2015 年印发的《教育部关于加强家庭教育工作的指导意见》指出，学校需要不断加强家庭教育指导工作，进一步明确家长在家庭教育中的主体责任，加快形成家庭教育社会支持网络。家庭教育的重要意义与学校在家庭教育中的重要指导作用"双重并举"。

湖州四中建立了"和润"德育的家校合作机制。

（一）助力家长，建立学习平台

1. 建立家委会

为了学生的发展，家庭教育与学校教育必须联合起来，形成一股强大的教育力量，切实为青少年的发展奠定坚实的基础。学校根据《家长委员会工作制度》《优秀家长评选办法》，确定关心学校工作、在教育子女方面有一定心得、在家长中有一定威信和影响力、有一定组织能力的家长担任家委会成员。学校家长委员会全面了解学校情况，积极参与学校管理，快速有效地进行信息传达与沟通。同时，家长委员可就家长关心的重要问题进行讨论，共同为学校发展献计献策。

2. 成立家长学校

家长似乎是唯一一个没有经过培训就上岗的职业，初中生家长更需要学习，与时俱进，与孩子共成长。学校成立家长学校，整体规划培训内容，分阶段进行重点突破。为让家长学校的教育更"走心"，家长能更有收获，家长学校采用"专题式"方式授课。家长需要完成"重新认识你的孩子""和孩子对话""守护生命阳光""走出困境"四个主题的学习。授课后，家长需要撰写教育心得，与其他家长进行交流。

另外，通过热门教育话题的讨论，专家讲座、优秀家长经验交流分享、学员沙龙、家庭教育故事交流、读书会等活动，家长重新走进课堂，系统学习教育理念，掌握科学有效的教育方法，使得家庭教育有的放矢，更显实效。

（二）助力家长，搭建情感交流平台

1. 活动体验，促进亲子情感交流

古希腊哲学家曾经说过：感情是由交流累积而成的，任何一种感情的升华都有赖于交流。"和润"德育的活动体验，为家长创造了高质量亲子陪伴的机会。在活动中，家长通过和学生的互动，陪伴学生，鼓励学生，使得学生充满自信，乐观进取，为其情绪发展、心智发展打下良好的情感基础。

"和润"德育的亲子活动，突出体验、感恩、互动，家长受邀全程参与，用自己的视角记录学生的点滴变化，用自己的行动告诉学生什么是陪伴与关爱。学生在活动中的精彩表现是家长得到的最好的礼物。家长不只是活动的观看者或是帮助者，还能与学生有更多的情感交流，更能感受孩子的成长。例如，在"六一"公益活动中，家长不仅是义卖现场的监督者，也是学生的合作伙伴和慈善公益活动的同行者。在"5.16 成人礼"中，家长既是为学生准备各种道具的后勤服务者，也是寄语学生成人礼祝福的父母长辈。在毕业季活动中，家长必是那个和学生牵手走出校园，迈向新征程的陪伴者，同时也是学生与三年的师生伙伴道别的见证者。

2. 多元对话，促进家校情感交流

"和润"德育的传统家校联系本是家校情感交流的重要平台，它鼓励学生、教师、家长三方对话及互动。在家校联系本上，一句话、一张便利贴、一个表情符号、一幅漫画都是答疑、解惑、鼓励、交流。家校联系本上流淌的是师生情、亲子情、家校情，是"和润"德育的润物无声。此外，"互联网+"的技术手段催生了微信、QQ、钉钉等不同种类的班级群组，它们也是维系家校情感交流的重要工具。学校充分利用"互联网+"技术手段的分享功能，向家长展示学生的学习生活，让家长更多地了解自己的孩子；向家长展示学生学习的成果、个人的闪光点，让家长更全面地欣赏自己的孩子。家长还可以就其关心的话题进行交流研讨，彼此间相互借鉴、相互支撑，也从同伴之间得到教育助力。

三、精准的家庭教育指导

在家庭教育指导中，一方面，学校以家长会等途径对家长进行统一指导；另一方面，基于对学生的标准化管理，学校对家庭教育做出了普遍标准，比如在接受学校信号时做出的统一反应，对教养孩子规范做出的普遍要求等。"泛标"式的指导便于学校建立家庭教育的统一管理标准，但不同的原生家庭产生的需求不同、家庭规划不同，交流沟通的方式也不尽相同，一刀切的家庭教育指导难以满足家庭教育的个性化需求。基于此，"和润"德育采取精准的家庭教育指导，助力家长提高家庭教育能力。

（一）处理好"泛标"与"需求"的关系，走出指导泛化的困境

学校和家长都是学生学习的监督者和引导者，二者的有效沟通配合才能让学生的成长更有依托。家庭教育指导要精准有效，只有当家校双方作

用于同一方向，教育才可行其道。因此，在"泛标"的基础上，学校更需要考虑不同家庭的个性化需求。"和润"德育通过三个维度区分家长需求：家长期望、家长能力、学生能力。当学校以相同维度为出发点，家庭教育指导往往更能引起家长的共鸣，更能收获更好的效果。

绝大多数家长对孩子有较高的期待，也有极少部分家长无明确规划。借助调查数据，我们以家长的不同需求、孩子实际的学习能力为依据，将家长分为以下四类：有心有力型家长、有心无力型家长、无心有力型家长、无心无力型家长（见表4-3）。

表4-3 家长群体类型

家长类型	家长期望	家长能力	学生能力	家长需求
有心有力型	对孩子未来有明确的规划，渴望孩子学业有成	家长自身具有较强的管理能力和科学的教育理念	孩子有很强的学习能力	需要学校提供专业学科领域的方法指导
有心无力型	对孩子未来有一定规划，希望孩子有一定成就	家长自身缺乏科学的教育方法	孩子有一定的学习能力	需要学校传播先进的教育理念和科学的教育方法
无心有力型	对孩子未来没有明确的规划和要求	家长自身有较强的能力，但不注重对孩子能力方面的培养	孩子不具备很好的学习能力	需要学校协助建立学业规划，并传播先进的教育理念；提供高效的培养方案
无心无力型	对孩子的未来没有明确的规划和要求	家长自身缺乏教育方法	孩子不具备很好的学习能力	需要学校对孩子加强监督和指导

不同的标准、目标和方法能让不同需求的家长获得精准的指导。上述四类家长群体情况不同，需求各异，学校在传统的"泛标"基础上做到按需指导，分类引领，可以避免原有的家校教育泛化、无针对性的问题。

（二）发挥好"真实"与"虚拟"的作用，突破家庭教育难点

良好的家庭沟通是突破家庭教育难点的关键实质。而沟通的关键在于情绪管理和沟通技巧。

传统的家庭教育指导主要采用线下模式，优势是家长和教师之间，比如家长之间可以真实地面对面交流，交流效果明显；劣势是可持续性不强。而"和润"德育的线上交流模式，其优势是相同需求的家长可以在线上建立稳定的"虚拟"同伴关系，扩大了交流范围，增加了学习和分享的机会。"和润"德育通过"真实"与"虚拟"的家庭教育指导模式，打破时间与空间的限制，使家校间、家长间保持多维度的有效沟通。

1. 延展家长会阵地

家长会是将学校教育、家庭教育结合起来的重要桥梁。传统的家长会，以家长真实地与班主任进行面对面交流的形式为主。借助线上"云家长会"的形式，学校延展了家长会的阵地，家长通过虚拟网络参与子女的教育。

根据家长的不同需求，学校可召开不同层面的"云家长会"。例如，对班级临界生家长开展"微型家长会"，阶段性地开展"诊断分析会""考前动员会"等。教师可以请进步学生家长以连麦、录音频、录视频等方式介绍经验，充分发挥虚拟同伴的力量，带动其他临界生家长的积极性。

再比如，为提高答疑的效率，教师可以定期召开"线上答疑会"。学校可以进行虚拟的数据调查问卷，再将数据进行简单辨别分类，在线上召集有同类问题的家长，最后根据需求发送微课、开设直播等。若间隔一段时间，其他家长对同一问题也产生相同的需求时，可让前期有显著成果的家长介绍经验，群策群力地展开自主讨论，发挥同伴力量。

2. 推动教育力养成

家长教育力的提高是突破家庭教育困境的保障，而阅读是提升家长教育力的学习手段。因此，学校引导家长"真实"阅读（见表 4-4）和学习教育知识，通过互联网与"虚拟"的同伴交流，由内而外地养成教育力。

表4-4 "好家长读书养成计划"实施单

学　段	主要方向	阅读书籍推荐	阶段性方案
七年级	小初衔接的适应问题	《解码青春期》《好妈妈胜过好老师》	自主阅读阶段 ①时长：2个月 ②形式：钉钉阅读打卡 ③内容：自主记录即可 交互感受阶段 ①时长：持续三周，每周一次
八年级	自我意识觉醒问题	《爱和自由》《父亲的影响力》	②形式：班主任主持，每周派一位家长代表，交流阅读感受，由家长发起钉钉直播 ③内容：对该阶段书籍进行个性化解读，分享阅读感受，其他家长可回复交流 沙龙畅谈阶段 ①时长：1小时左右
九年级	考前焦虑和无计划性问题	《孩子：挑战》《逆商》	②形式：在班级开展阅读沙龙 ③内容：以"在亲子沟通中运用本书技巧，你解决了哪些实际问题？""在实际教育中，还存在哪些问题？"等启发家长、鼓励家长参与沙龙讨论，营造轻松氛围

真实的阅读和交流体验与线上虚拟同伴的支持相结合，能有效引导家长思考教育漏洞、探索家庭教育方法，在家庭教育方面有收获。

3. 提供专业性助力

专业心理教师的助力能强有力地给予家长科学有效的教育帮助。线上，心理教师通过心理微课专题给予大多数家庭助力；线下，心理教师通过追踪访问，督促家庭协商并解决问题；心理教师还对有同一类别心理问题的学生家长进行小团体辅导，为家长提供针对性策略。

（三）把握住"惩戒"与"表扬"的时机，重建家庭教育秩序

多数教育无力的家庭有一个共同点，就是缺乏家庭教育秩序。这样的家庭教育模式难以支撑家庭教育的持续性发展，容易陷入家庭秩序错位的困境。

我们所做的家庭教育调查数据显示，当问及"您是否经常表扬孩子"时，有44%的家长选择"经常表扬"，有36%的家长选择"惩戒与表扬参半"，有 20% 的家长"不怎么表扬"。当问及"进入初中后，您认为可以惩戒孩子吗"这一问题，有 79% 的家长认为不可以，只有 21% 的家长认为可以。当问及"在惩戒孩子时，孩子是否认可"时，仅有 11% 表示"事前已说明，可以认可"，68% 的孩子与家长"偶尔因此发生冲突"，有 21% 的孩子与家长"时常因此发生冲突"。调查数据充分显示多数家长对于惩戒和表扬的尺度、时机缺乏判断，"家长怕孩子""巨婴"等现状让我们深思其背后的原因：长期的溺爱，家庭教育无规则、无秩序。基于这样的现状，学校鼓励家长更新理念，明确"惩戒"和"表扬"的尺度，重建家长在家庭教育中的监管秩序势在必行。

1. 挫折时表扬，以爱化难

心理学研究表明：人最大的愿望是做一个被人肯定的人。每个人都渴望自己被人欣赏，但是盲目表扬一个人则会适得其反。当学生接受挑战遇到挫折时，是家长进行表扬的最佳时机。家长作为陪伴者，其带有耐心、包容心和指引的表扬能让学生更易于接受挑战和挫折，并有战胜自己的勇气。然而若只是一味地表扬，反而会让学生失去对自己的理性定位，不能接受失败。这样的积极教养方式与亲社会行为呈正相关，并对亲社会行为有正向预测作用。也就是说，积极表扬能产生对社会有益的道德表现。学校鼓励家长给予孩子启发和指导，表扬孩子的勇气和具体的优点，鼓励孩子自己分析问题、解决问题。

2. 适度地惩戒，以行促进

学生的成长是逐渐从他律到自律的社会化过程，这就需要适度的惩戒来规范其社会行为。惩戒不同于体罚，"惩"是教育者纠正孩子行为的方式，"戒"是我们期望达到的效果，学生在接受惩戒后做出的正向改变才是惩戒的最终目的。惩戒教育的目标是育人，因此学校鼓励家长在学生打破规则时适度惩戒。

学校提倡"协商式"的惩戒方式，在提出惩戒前，学生保有惩戒知情权，即在某一行为习惯养成过程中，家长事先与学生进行沟通协商，达成口头或书面约定, 与孩子共同协商违背约定时的惩戒方式。一旦学生违背约定, 家长需根据约定进行及时的惩戒和纠正。必要时还需在惩戒后, 对学生进行后期安抚教育。

"和润"德育下, 学校对家庭教育做出精准的指导, 处理好"泛标"与"需求"的关系、发挥好"真实"与"虚拟"的作用、把握好"惩戒"与"表扬"的时机, 以此走出指导泛化困境、突破家庭教育难点、重建家庭教育秩序, 真正做到教育共赢。

第三节 学校—社会: 合理整合社会资源

在理想的"三全育人"体系中,学校、家庭和社会形成平衡稳定、多元交互的结构。"和润"德育将爱普斯坦创建的"交叠影响域理论"(Overlapping Spheres of Influence)(见图 4-2)充分运用到整合社会资源的工作中。"交叠影响域理论"是指学校、家庭、社会的合作,对学生的教育和发展产生叠加影响。交叠影响域理论外部模型表明学生学习和成长的三个主要环境——家庭、学校和社会可以相互结合也可互相分离。该模型中有学校、家庭和社会分别的影响,也有三者共同的影响,它们共同作用于学生的学习和发展。社会教育是学校和家庭教育的继续延伸和发展,是学校和家庭以外的社会文化机构以及有关的社会团体或组织对社会成员特别是青少年所进行的教育。通过社会教育,学生可以在复杂多变的社会环境中不断增强分析能力和应变能力,可以在社会大课堂体验各种不同的社会角色,学习社会规范,扩大社会交往,养成现代素质。交叠影响域理论指出,育人的三个环境彼此交叠面积的大小,会随着学生年龄、学校决策等变量发生变化。"和润"德育的目标就是控制变量,整合社会资源,将交叠影响域的重叠度控制在最有效的区间内。

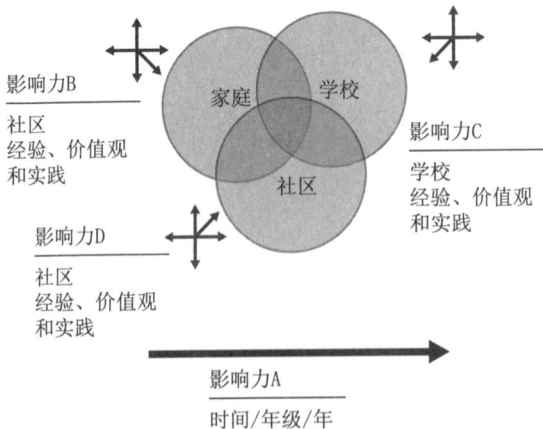

图 4-2 交叠影响域理论

一、社会资源的优势分析

劳动实践教育是中学德育的重要内容，2018年浙江省教育厅发布的《关于加强中小学劳动实践教育的指导意见》，强调了劳动实践教育的重要性及其意义，"通过劳动实践教育，促进学生形成良好的劳动习惯和积极的劳动态度……培养他们勤奋学习、自觉劳动、勇于创造的精神和实践能力，提高广大中小学生的核心素养，为他们终身发展和人生幸福奠定基础"。而湖州素来享有"湖笔之乡""丝绸之府"的美誉，有着得天独厚的历史积淀和地域优势。作为文房四宝之一——毛笔的发源地，王一品笔斋、湖笔博物馆、善琏小镇都是活的教科书。因此，"和润"德育以劳动实践教育为主题，结合爱国主义教育、传统文化教育、职业生涯教育，重新整合社会资源。

首先，劳动实践教育可以和爱国主义教育相结合。国防研学基地给学校提供了相关资源。在国防研学基地，学校通过组织学生参加军事化训练和劳动技术能力的研学活动，既培养了学生心系家国的爱国情怀，也培养了学生的劳动实践能力。

其次，劳动实践教育可以和传统文化教育相结合。丝绸小镇、湖笔博物馆给学校提供了相关资源。学生通过参观钱山漾文化遗址、亲手制作绸扇，在内心感悟家乡的丝绸文化；学生通过参观湖笔博物馆、亲手制作湖笔，在内心体会家乡的湖笔文化。

最后，劳动实践教育可以和职业生涯教育相结合。法院、童装产业园给学校提供了相关资源。通过参观法律名人纪念园、学做法律工作者，学生可以体验与法律相关的各类工作，树立法律类的职业理想。通过为童装产业园的留守儿童提供志愿服务，学生可以有社会工作者的职业体验。

利用这些富有特色的地方劳动实践教育资源，学生可以真正走进社会，产生对家乡的自豪感，增强守住家乡传统文化的使命感，在体验中亲近文化，传承文明。这样体验式的浸润教育远比课堂上的说教要来得有意义、有实效。

二、实践体验的合理整合

（一）实践体验课程化

"知之愈明，则行之愈笃；行之愈笃，则知之益明。"（朱熹语）培养学生能力离不开实践项目。作为浙江省首批劳动教育实践示范学校，学校将实践体验课程化，编写了校本课程《和润实践教育"V&E"》。"和润"实践课程，秉承着"learn by doing"的原则，突出"做中学"，让学生在实践中汲取知识，收获体验，培养担当。学校精心设计"整体有特点，局部有亮点，学生有收获"的实践课程内容"6+X"。"6"指三个年级都开展教育、科技、体育、文化、艺术、志愿服务六大方面内容，"X"即结合年段特点设计活动，形式多样，亮点突出。"和润"德育实践课程围绕 V&E 系列开展，即 V（Volunteer，指志愿者）涵盖校内外志愿者实践活动；E（Experience，指"体验""亲身参与"）包括学校组织的秋季研学活动、春季社会实践活动、职业生涯教育实践及地方文化体验活动。

（二）实践体验主题化

社区的"社会土壤"是学校将实践体验主题化的基石。学校与所在地区和社区的特色、环境、社区成员素质文化紧密相关。作为合作双方，要互相了解彼此需要什么，并根据时事热点，协商大家共同能做什么，在此基础上，实现共建。

例如，在与学校共建的社区内，社区服务中心的功能教室多，设施配备齐全，有社区专职工作人员保障活动的开展。但是社区居民年龄结构层偏老龄化，需要关心和爱护的帮困人群较多。针对社区现状和人群结构，学校与社区协商，定期开展常态化的送温暖活动，保持稳定数量的"阵地活动"。

再如，在与学校共建的社区内，居民中老年人较多，垃圾分类工作的推进有难度，学校组织学生、家长、教师一同走进社区，通过海报宣讲、小游戏竞猜、发放小礼品这样的形式向广大社区居民开展垃圾分类普及工作。这既推进了垃圾分类工作，又锻炼了学生能力。

（三）实践体验品牌化

作为"和润"德育的品牌，"I Volunteer"志愿者队伍将学校实践体验品牌化。除了学生、教师、家长三位一体的常规志愿活动，寒暑假的公益讲学活动则是另一项品牌活动。社区专门打造了大讲堂专用场所，学校邀请优秀教师、家长、学生和社会优秀人士为学生和居民带来不同视角的演讲。在社区公益大讲堂中，不仅教师为学生巩固文化课知识提供方法指导，还有丰富多彩的学科拓展课程、家庭心理咨询沙龙、社会各方讲座、师生趣味活动等。有了活动阵地的保障，有了师资力量的参与，学校与社区的联动育人延伸至了节假日、周末乃至寒暑假，最大限度发挥出了学校与社区的共育作用。

（四）实践体验多样化

学校组建了由区域内知名学者、家庭教育讲师组成的"和润家校课堂"主讲团队，聚焦家长和学生的需求，开设讲座与辅导，为家长和学生提供多样化的实践体验。学校还把专家请进学校，把专业人员请到学生身边，让学生零距离地真切体验。例如，学校邀请市妇联、市妇保院、长期研究青春期发展的心理咨询师、师范学院教育专家等为家长和学生带去生动的知识，服务于家庭教育的需求。再如，学校与消防队、医院、禁毒办、文化宫等进行联动，定期为学生开展文化讲座、消防教育、禁毒教育、急救知识培训；学校还将院士、专家等请进学校，为学生带来高规格、前沿性的知识宣讲。换言之，学校搭建了服务平台，精准地将社会教育资源服务于家长和学生。

充分挖掘学校教育资源，是"三全育人"之魂；全面助力家庭教育，是"三全育人"之骨；合理整合社会资源是"三全育人"之血。"和润"德育的目标就是要达到"三全"平衡，共同育人。

第五章

润者匠心：班导体系

　　班主任队伍是和润德育团队的核心，班主任是学校中全面负责一个班级学生的思想、学习、健康和生活等工作的教师，也是班级的组织者、领导者、教育者以及各项教学、教育工作的协调者，是学校德育工作的中坚力量，在促进学生全面健康成长中起着特殊的作用。加强班主任队伍建设，是贯彻执行《中共中央国务院关于进一步加强和改进未成年人思想道德建设的若干意见》、全面推进素质教育的重要举措，是加强中小学德育工作的重要内容，更是湖州四中"和润"德育实施和推进的重要基础和保障。

第一节　"和润"德育的管理团队

　　"人人都是德育工作者"是教育的一种理想化状态，任何学校都想要达到这个目标，但这与当下的教育现实还有落差。学校采用网状管理，将德育管理的职责和目标清晰地分化到各条线，线与线相结合，个体与集体相结合，最大限度地有效推进"和润"德育。在整个"和润"管理网中，除了班主任团队这个传统的执行者以外，还有班主任导师做引领，德育导师和专职心理教师做辅助。

一、"和润"德育管理团队的引领者——班主任导师

在"和润"德育中，班主任是班级管理的组织者、团队建设的指导者、学生健康成长的引领者，需要有专业的知识、先进的教育理念、较强的管理能力、灵活的管理技能。班主任导师则是班主任团队的精神核心，他需要前瞻性地分析班级管理的发展趋势和可能出现的管理问题；他需要精准化地指导班主任的管理策略和遇到问题时的应对方法，系统化地培训整个班主任团队更新管理理念，提升管理能力。

例如，班主任导师会引领新班主任进行职业规划。

第一年接触班主任工作岗位的教师，需要做到：初步了解班主任日常管理工作基本流程；和学生建立初步的协调关系；初步建设好班级行规和学习常规的基本面，初步培养起班级向心力和凝聚力；初步学会与家长进行沟通。

担任班主任工作岗位时长三年以内的教师，需要做到：基本熟悉班主任日常管理工作流程，并能落实到实处；能和学生建立良好的师生关系；能建设好班级行规和学习常规的提升面，能培养起班级的向心力和凝聚力；能逐渐形成自己的管理风格，能有自己独特的管理方法和管理策略；能和家长进行有效沟通。

担任班主任工作时长三年以上的教师，需要做到：熟悉班主任日常管理工作，能运用自如地把德育渗透于每天的教育中，并能创新管理方法，提升管理效率；能不断提升自己的教育理念、完善自己的教育风格；能刚柔并济地处理班级各项事务及突发事件，能灵活有效地建设好班级行规和学习

常规的各个层面，创建优秀的"和润"班级。

再如，班主任导师会指导班主任进行"四择"管理。

"择机而行"：要善于发现、挖掘生活中的可用素材，抓住教育契机，提高德育的有效度，让学生的思想有其奋斗的目标，实现自我管理、自我教育和自我完善。"择时而行"：要善于抓住教育的时效性，抓住学生不同的发展阶段，选择恰当的教育内容进行有效教育。"择人而行"：任何一个人的灵魂都是自由而独立的，只要在行为上不妨碍他人的生活，都应该得到尊重，而不是人为地去"塑造"别人的"灵魂"。师生之间最重要的是沟通，他们既是彼此的一个倾诉者，同时又是彼此的倾听者。师生双方只要能顺畅地沟通，就能不知不觉地走进对方的心灵，慢慢地相互影响。"择法而行"：要善于运用合适的方法进行教育——主题班会是进行集体教育的一个有效载体。它以学生为中心，以情景为中心，以活动为中心，既是班主任对学生进行管理、引导和教育的重要途径，又是培养和展现学生自我管理能力，培养和增强学生主人翁意识的一种重要方式，同时也是处理、解决班级问题，开展各项活动的有效渠道。

二、"和润"德育管理团队的辅助者——德育导师和专职心理教师

（一）"和润"德育导师

"和润"德育导师主要辅助班主任，教育那些需要较大的管理力度，需要较长的管理时间，需要多重的管理方法的学生。相较于传统的德育导师制，"和润"德育导师更强调精准的辅助。首先，"和润"德育导师需要经过精准的筛选。只有有爱心、有责任心、亲和力强、沟通力强的教师，才能担任"和润"德育导师。其次，"和润"德育导师需要精准地定位工作角度。不同于班主任，德育导师易和受导学生建立良好的一对一沟通渠道，易于学生倾诉困难与烦恼，从不同的角度辅助班主任教育。这更能体现"和润"德育的专业化和个性化。

具体来说，"和润"德育导师会和受导学生定期交流沟通，及时了解学生的思想状况，在学习和生活两方面帮助学生制定目标，表扬其成长过程中的闪光点，鼓励其克服自身的不足。"和润"德育导师会和受导学生家长定期交流沟通，帮助和指导家长进行家庭教育。"和润"德育导师会和受导学生班主任定期交流沟通，及时反馈受导学生的进步，和班主任共同制定下阶段的辅导方向。"和润"德育导师不仅需要对每一位受导学生做好个性化的过程性记录，还需要定期参加导师交流会，相互之间分享指导经验，更新指导理念，更好地做好"和润"德育的辅助工作。

（二）专职心理教师

"互联网+"时代的到来，使得身处其中的每一个人感受到了冲击与压力。而那些缺乏家庭教育引领、缺乏正确价值导向、缺乏分析和解决问题能力的青少年，就会很容易会产生心理问题，严重者甚至会引发心理疾病。据调查，在我国，约20%的学生都不同程度的存在着心理问题，如厌学、说谎、耐挫力差、攻击、退缩、焦虑、抑郁等。这些心理问题不仅严重地影响学生的身心健康，也直接影响学校的教育。而心理问题有其特殊的成因，需要专业的疏导。

因此，专职心理教师成为"和润"德育的专业辅助者。"和润"心理教师需要掌握心理学相关资料，根据学情，确定心理健康教材，设计心理健康课程。"和润"心理教师需要熟练的专业能力，能进行个体咨询和团体辅导；能正确地使用各种心理测量量表对学生问题进行识别和诊断；能运用常用的心理治疗技术为学生提供专业的帮助。"和润"心理教师还需要为每一位求助学生建立个性化、过程化的心理档案并跟踪随访。

心理健康教育和德育教育在理论基础、具体任务、内容、学生观、工作原则与方法等方面都不相同，两者绝不能互相代替，但两者都是学生的身心健康、全面发展的最基础保障。"和润"德育将两者有机融合，德育为主体，解决学生普遍的困惑与问题；心理健康教育为重要辅助，有针对性地解决学生所遇到的重大难题。

第二节　有序有心的培养机制

　　班主任团队是"和润"德育的主要执行者。要胜任"和润"德育的班主任工作，教师必须具备专业的知识、先进的教育理念、灵活的管理技能。"和润"德育将班主任团队打造为班主任学习共同体。"互联网+"时代，大量年轻的教师加入班主任团队，班主任学习共同体呈现出年轻化的发展趋势，90后超过半数。

　　90后对新事物的接受能力较强，是大力张扬个性的一代人，同时也是普遍缺乏温暖感与亲切感的一代人。当具有强烈时代特色的90后年轻教师与传统意义上的教师角色相互碰撞，挑战随之而来。90后教师不缺系统的理论知识，但缺少感同身受的教育实践和对自身成长的规划。正常情况下，一位年轻教师的成长周期至少需要3年，但在现实的社会期许下，年轻教师往往被要求一站上讲台就能独当一面。年轻教师从为人子女、学生到为人师表，其角色定位也需要转化，当其面临工作岗位上可知与不可知的困难与压力时，内心的孤立感与焦虑感很可能会将他们推至更无助的境地。

　　"和润"德育将首次担任班主任工作的90后年轻教师组成了班主任的新生代团队，进行集中性、系统化的新生代团队培养。依托有序有心的培养机制，使年轻人在班主任工作岗位上，张弛有度，游刃有余。

一、"心式"管理，打造新生代团队

（一）"读心"之术，构筑信心

　　基于90后对新事物的接受能力较强，但缺乏教育实践这一特点，"和润"德育设置新生代班主任团队的一系列"读心"活动，解读自己、解读学生、解读家长。在"适应"沙龙活动中，通过对角色定位的讨论，新生代明确了自己专业教师的身份和地位，更明确了要以专业的形象和言行不断巩固教师的身份和地位。在"平衡"交流活动中，教育前辈的经验分享和交流，使得新生代掌握了班主任工作与日常教学之间的平衡技巧与法则。在"调节"辅导活动中，心理老师对新生代进行团队辅导，使其通过角色体验，学会换位思考、感同身受，同时也让他们得到了心理宣泄。新生代们掌握了基本的调节情绪的技巧和应对问题的方式，其在自我生活与繁忙工作之间的调节、问题学生的期望与现实之间的差距等诸多问题方面做好充分的心理准备。

（二）"向心"之道，凝聚人心

"新生代"不是一个人，而是一个社群，更是一个团队。团队意识对个体的影响，可以促使人的外部行为和精神世界发生重要变化，促进个体发展以及提高个人水平。专业学习社群能够降低教师的孤立感，集体活动可以提升教师的社群意识和自信心。凝聚"新生代团队"，需要通过集体活动增加彼此的了解，让他们感受到集体的存在和力量，形成"向心力"。

在学校组织的"新生代团队运动会"中，他们打造团队精神，培养合作意识，交流教师情感；在班级管理研讨会上，大家通过分享来提升自己的管理能力，在团队中共同进步；在"新生代社团"等活动中，大家工作之余组成志趣相投的小群体，并拥有一个共同发展兴趣爱好的空间。凝聚起新生代团队，有效提高了其工作积极性和工作效率，使其产生更大的工作热情和动力。

二、培养目标与培养周期

班主任的成长必定从稚嫩开始。若没有外部助力，仅凭自身成长，新入职的年轻班主任往往都会经历从一开始的信心满满，斗志昂扬，到屡屡受挫，激情退散。他们有心去解决班级里不断发生的学生问题，但往往收效甚微，不如人意。究其原因，是他们单纯地用"治乱"的方式在管理班级，而忽略了从发展视角，用"解惑"的方式去建设班级，去解决学生的成长困惑；同时，年轻班主任解决问题往往因"热血沸腾"而导致教育方法"简单粗暴"。新生代班主任团队培养重点就落在提升教育理念以及多元教育方法两大方面。学校依此制定了新生代团队培养目标和培养周期。

（一）新生代团队的培养目标

在"和润"德育理念下，新生代班主任需要成长为班级工作的组织者，创建润泽的教育环境，构建柔软的师生关系、同伴关系；学习班级建设的方法和技能，掌握灵活的管理技能，成长为班集体建设的指导者；学会关注学生行为背后的心理原因，浸润孩子心灵，润人且润己，成长为学生健康成长的引领者。

（二）新生代团队的培养周期

新生代班主任的培养周期为三年。培养周期的第一年，新生代班主任需要学习搭建管理框架，并成功完成三件事。

一是做好常规管理。在工作实践中，新生代班主任需要通过管理方法的学习、研讨等，了解班级工作之日常管理基本流程并组织好日常管理；组建培养班干部团队；学习管理技巧，建设好班级行规和学习常规的基本面，培养好班级向心力和凝聚力；初步建立与学生、家长的通畅沟通。

二是站稳教育阵地。主题班会课是班主任进行班级集体教育的主要阵地，其对班主任的重要性等同于课堂教学对于学科教师的重要性。与学科课堂一样，要上好一节主题班会课，让班会课充分发挥集体教育主阵地的作用，离不开团队备课、团队磨课。在班主任导师的引领下，新生代班主任会根据不同的教育时机，选择相应的主题。当新生代班主任展开主题班会实践时，新生代班主任团队会进行集体观摩、评论和研讨，旨在通过主题班会这种教育形式，充分发挥新生代班主任思想活、方法多的优势，团结协作、行之有效地解决班级管理中普遍性的热点、难点问题。

三是走进学生心灵。要走进一个人的心灵，首先要全面了解一个人。通过家访和个体访谈这样面对面的形式，新生代班主任要了解每一位学生的性格特点、成长背景、思维方式、价值取向。通过专业的心理问卷，新生代班主任要了解每一位学生的心理特点、行为模式和不同表征下的深层原因。在充分了解学生的基础上，新生代班主任要抓准教育契机，结合学生个性化特点，发挥自身教育优势开展教育工作。走近学生，了解学生，新生代班主任才能把学生牢牢吸引在自己周围，建构起被学生认可的班级文化。

培养周期的第二年，新生代班主任需要提高管理能力，彰显两个管理效能。

一是打造自己的班级管理品牌。新生代班主任需要在班级管理中创新管理方法，践行班级文化，建立班级品牌。新生代班主任还需要通过大量阅读，学会用别样的视角审视自己的班级管理，常态出新，查漏补缺，真正成为唤醒学生生命成长的导师。

二是构建独特的师生沟通策略。新生代班主任需要关注初中阶段学生的心理特点。学生需要的是学习压力下的心理疏通、不良情绪的合理宣泄、原生家庭的心理改造等帮助。学生的需求不同，教师的切入点也不同。这把开启学生心房的钥匙，可能只是一个微笑、一句鼓励、一次点头、一段陪伴。新生代班主任需要根据自身性格特点，准确打磨这把钥匙，找到自己与学生的沟通密码，用真心去浸润学生的心灵。

培养周期的第三年，新生代班主任需要深化管理思维，使其具有深刻性和广泛性。在这个阶段，新生代班主任需要在前期学成的基础上学会深度思考，学会透过浅层的表象看到问题的本质，分析问题的成因，找到打破僵局的最佳契机。他们还需要打开思维，进行教育科学研究。新生代班主任需要在工作实践中做好过程性记录，结合理论学习，对班主任工作进行方法与策略诊断，并形成案例、论文甚至课题，以科研促管理效能，以科研提升管理能力。

三、新生代管理与新生代培训

新生代班主任的成长，直接影响学校教育的有效度和学校未来的发展，这不仅是学校发展的重要课题，更是一大核心。基于此，"和润"德育建立"321培训模式"锻造新生代班主任团队。

（一）新生代班主任团队"321"培训模式

司汤达说："入世之初应该立即抓住第一次的战斗机会。"对于新生代班主任而言，首次班主任工作，会在很大程度上影响其未来的教育工作走向。新生代需要规划好班主任工作的发展路径，学校更需要为其建立分层级的新生代班主任培训体系，"321"培训模式由此而来。

1. 抓好三个"第一"机会

一是第一次家访。首次家访是新生代班主任与学生以及家长的第一次正面接触。新生代往往会由于年轻、缺乏经验而受到质疑，这会为今后的家校合作增添负面因素，使新生代班主任更缺乏信心。家访前，学校组织专题培训。培训由班主任导师、骨干班主任和心理老师，分别从家访注意事项梳理、家长心理解读、模拟家访、新教师疑难问题解答等环节，为新生代班主任量身定做家访方案，让他们都胸有成竹、自信满满。家访后，班主任导师组织新生代班主任针对家访过程中的得与失进行交流、分享和总结。有备而来，反思提升，家访能成为新生代走进学生家庭、走近学生内心的有效手段。

二是开学第一天。开学第一天是新生代班主任在班级面前展示自己、树立威望、建立规范的第一步。新生代班主任在全班同学面前成功亮相，也将直接影响其未来班级管理的有效性。班主任导师指导新生代班主任，通过教室的布置与打扫，充分展示自己的班级文化设想；通过为自己制作一张名片和学生交流自己的班级管理理念；通过合宜的外表与言行举止向学生展示自己的个人魅力。开学当天，新生代班主任的忙而不乱、从容淡定能向学生展示教师良好的条理性和基本素养，这也是教师需要向学生传递的基本素养。预先的规划与准备将会协助新生代班主任细化一天的流程，将时间精确到分，更能让每一项工作的要点和节点具体化。流畅的第一天意义重大，对于新生代班主任而言，这是班主任生涯的良好开端。

三是第一次家长会。如果家访只是新生代班主任与家长的单独交流，那么家长会则是新生代班主任在家长群体面前的第一次亮相。这一次亮相考量的是他们的心理素质、表达能力和组织管理能力，同时这一次亮相也将向家长传递他们的教育理念以及班级规划。家长对新生代班主任不只有期待，还有评价。第一次家长会前期，班主任导师会审定家长会主要内容、陪伴新生代班主任进行试讲、整改、再试讲。首次家长会的准备过程等同于公开课的磨课过程，整个新生代团队倾听、合作、分享、互助，年轻的班主任们不仅感受到了团队的强大助力，更为成功开启家校合作打下扎实基础。

2. 掌握"两种"教育形式

能研究并实践自己的教育理念是新生代班主任成长过程中的关键部分。他们实践自己的教育理念有常规教育和主题教育两个抓手。

对于新生代而言，要实现自己对于班级的教育目标，始于班级基础建设，而实现班级基础建设始于常规。从劳动卫生、文明礼仪、学习习惯、班级规范、安全教育等方面，新生代班主任们需要对学生做出明确的规定和指导。

主题教育对于新生代而言，就是要抓住主题班会这个突破口。要实现自己对于班级的教育目标，形成班级文化建设，主题班会课的重要地位不言而喻。成功的主题班会课是对学生进行集体教育的舞台，这需要新生代班主任有充足的专业知识与专业素养。例如：班会"与自己和解"，新生代班主任通过辩论引导学生做自己情绪的主人；班会"没有翻不过的山"，新生代班主任带领学生跨越学习和生活中挫折；班会"弄清楚为什么，活得不糊涂"，则引导学生找到前进的动力。新生代班主任们对学生投入的爱、对学生成长细节的观察，使得他们都找到了一条通往学生内心的通道。

3. 培养"一种"问题意识

教育是面向人的一项工作。人的复杂性决定了教育工作的高度复杂性。

再优秀、再成熟的班主任都不能完全阻止学生问题的发生。对于新生代班主任而言，一定的居安思危、未雨绸缪、防患于未然的意识是他们在面临突发问题和危机时必备的品质。

（1）典型问题预设。"和润"德育采用来源于班主任教育管理中的代表性和典型性问题，设置新生代班主任情景模拟培训。在限时的情景模拟中，年轻的班主任们需要现场分析问题并解决问题，同时会得到班主任导师以及其他优秀班主任的现场点评指导。这培养了新生代班主任们的问题意识，使其获得解决典型问题的主要思路或巧妙策略。同时，作为观众的其他班主任老师也能从他们身上学到新的教育理念。

（2）突发问题指导。预演只是热身，解决不了所有问题。"和润"德育会根据不同程度、不同类别的突发问题，组织"和润"德育管理团队对新生代班主任做出细致科学的一对一指导。例如：七年级一班级中发生了学生与老师的冲突，家长也站在老师对立面。班主任导师立即评估此事件的严重程度，并且指导新生代班主任做好时间调查、材料取证工作。心理老师则协同评估学生、家长情绪状态，从心理角度分析成因。之后在班主任导师、心理老师的陪同下，新生代班主任完成对该事件当事家庭的家访和协商教育工作，并取得家长的理解与支持，完美地处理好了这一次突发事件。

新生代班主任年轻，有天赋，有更多的时间、更多的耐心、更灵活的班级管理方式。潜心研究、不断积累，新生代班主任团队必将是"和润"德育未来的中流砥柱。

第三节 名师团队的引领辐射

在"和润"德育管理团队中，有一个团队是身兼引路者、执行者、辅助者三个角色为一体的，那就是"和润"德育名师团队。"和润"德育名师团队在班主任管理工作方面，具备科学系统的理论素养、广博扎实的专业知识、丰富充足的教育积淀、强烈坚定的责任担当。因此，"和润"德育赋予其"引领辐射"的重要使命。

"和润"名师团队以省级、市级、区级名班主任工作室为核心，把优秀班主任融合到一个共同体中。"和润"名师团队合作发力，分享和传承科学的管理理念、有效的管理方法，引领更多的班主任互相激发、互相促进，取人之长、补己之短，自主学习、抱团发展，使名师团队成为优秀的"和润"班主任的发源地、集聚地和孵化地。

一、理论研究方面的引领辐射

任何领域的理论知识都有助于人们系统了解三大难题：人们为什么要这么做？人们该怎么做？人们该做什么？也就是说，通过理论研究，人们能找到思考的方向、做事的方法。教育理论在前辈、专家不断地尝试和探索下，已经形成客观系统的教育知识体系，教师通过学习教育理论，能在遇到问题时，有分析问题、理清思路、解决问题的意识和能力。

（一）引领教师与专家对话

"和润"名师团队在引领教师进行自我分析时发现，教师需要班主任管理方面的专业知识。

115

阅读是一个人大量积累和快速提升的扎实路径。"和润"名师团队引领教师通过阅读来完成与专家的对话。名师团队进行班主任阅读书目推荐，《班主任工作漫谈》《做最好的班主任》《第 56 号教室的奇迹》《初中班级工作难点突围》《说话的艺术》《一辈子只做班主任》《变出品牌班级》《从班会课到成长课》等，逐渐成为班主任们手中的"宝典"。当教师们在阅读中产生惰性时，名师团队会设法激发教师们的活力、激情和动力，让他们保持学习的动力和热情。例如，名师团队组织教师开展主题沙龙，聚焦专业阅读、课题研究以及班级管理的难点问题讨论等，以此推动教师们进行深度思考。在工作中，名师团队会常态化利用"互联网 +"技术手段，动态、实时地与教师交流困惑、分享心得，实现同伴互助，实现共同成长。

"和润"名师团队还引领教师通过实地观摩来完成与专家的对话。名师团队会带领教师走出课堂，近距离面对面向专家取经。例如，浙江省德育特级教师韩似萍老师的情感支持系统、价值支持系统、求助系统三大系统理论，教授"和润"班主任如何整合身边的资源，培养学生的内心能量。浙江省德育特级教师林志超老师、杭州市名班主任杨春林老师告诉班主任们：要做有温度的教育；要做好问题发生前的引导，并寻找策略，使教育与生活相通，让学生知而善行，幸福成长。全国特级教师、班会研究专家丁如许老师通过生动的案例、深刻的见解，引领班主任们进入一个全新的视角：班会也需要深入学情，层层设疑，构建情感结构，引领精神品质。

（二）引领教师与自己对话

著名科学家钱伟长曾指出，"教学没有科研做底蕴，就是一种没有观点的教育"。同样，在班主任管理过程中，没有科研，就没有深度。并不是学习了某个领域的理论知识，就能成为这个领域的佼佼者。教师需要将教育理论内化于心，躬身实践，才能外化于行，建立自己的管理体系，形成自己的管理特色。只有具有较高科研水平的教师，对班主任管理工作的思考才会更为深刻透彻，班主任工作才会更游刃有余、事半功倍。

班主任能接触到大量原始案例和数据，因此，名师团队会指导教师如何观察身边的人和事，如何研究班级和学生。根据教师的观察研究，名师团队会指导其进行选题立项，确定研究的内容。再经过选题论证，名师团队指导教师进行实战练笔。练笔的目的是记录研究过程，表达所思所想，总结研究成果。经过名师团队的指导，教师的研究成果呈现出多样化趋势。随笔、案例、论文、课题，无论何种形式，都能体现"和润"班主任的管理思想。

"和润"名师团队带领"和润"班主任和自己进行对话，驱动了教师的内驱力，其引领辐射作用范围更广，效果更显著。

二、教育实践方面的引领辐射

研而不教则空，付诸实践也是"和润"名师团队引领班主任成长的重点。这主要聚焦三个方面的教育实践。

（一）教育实践之班会教育

主题班会作为"和润"德育落地的主要载体之一，一直是"和润"班主任工作重点实践内容。

名师团队借鉴教学的形式，指导班主任采用主题班会"同课异构"，积极进行主题班会的实践探索。例如，"是时候放下手机了"，旨在为学生过度依赖手机的问题提供有效策略；"还有更好的选择吗？"旨在引导学生跨过人生的每一道坎，认识生命的价值。名师团队先期和班主任们一起集体备课、集体研讨，最后由班主任进行个人课堂展示。通过不同角度、不同形式的演绎以及课后的团队评课，班主任们反思了自己在教育管理工作中存在的问题，比如错失教育契机、缺少倾听的艺术、重说教等问题。最后大家还统一了认识：主题班会课可以从小的切入点找到突破口，根据时间节点（开学初、期中、期末、运动会、放假前等）、事件节点（打架、成人礼、违反校规或班规等）开展主题班会，多点共情，做好价值导向，做好正强化；同时做好后期的分析研讨，引导班级整体形成正确的价值观。

（二）教育实践之聚焦管理

不同年级的"和润"班主任，其教育管理目标和管理要求不尽相同。如果班主任在管理工作中偏离重点，往往会出现工作忙乱、事倍功半的现象。名师团队引导班主任展开研讨，形成阶段性管理重点。

班级管理之初，班主任是班级的管理者，工作核心是治理班级之"乱"，即从管理视角出发，解决班级秩序问题。教育管理的着力点在于养成教育，形成必要的班级管理制度以及适宜的奖惩措施，营造一个安定团结、井然有序的班级环境。班级教育管理工作的着力点是解决个案问题和关注学生的成长。此时的班主任既是学生成长的导师，也是班级建设的设计师，要帮助学生不断解决成长困惑，引领学生成长。

（三）教育实践之家校沟通

"和润"德育的目标之一就是重建"三全育人"体系，使之恢复平衡状态。因此，"和润"名师团队引领班主任从多元的家校沟通手段中，尝试找到实现家校双主体的最有效途径。

名师团队引领班主任研究沟通技巧。沟通是人与人之间、人与群体之间思想与感情传递和反馈的过程，而高效的家校沟通，可以使双方达成一致的教育思想，取得更好的教育效果。名师团队指导班主任在实践中用"尊重"与"倾听"的沟通技巧，以平等相待的心态和言行与家长进行沟通，达成教育的共识。

名师团队还引领班主任研究沟通形式。比如，为满足学生和家长的不同需求，名师团队引导班主任开设分层家长会，有的放矢，分批分层，帮助家长找准亲子沟通的原点与方向；为消除家校沟通的时空限制，名师团队引导班主任学会利用"互联网+"技术手段，开设线上家长会，及时并持续激发家长主动进行教育管理；为提升家长教育的专业理念与手段，名师团队引导班主任向家长推荐家庭教育方面的专业书籍，组织家长聆听教育专家讲座，树立正确统一的教育观念，确保家长有信心、有能力应对学生不断变化的状况；面对有着同样困扰或难题的家长，名师团队还引导班主任组织主题沙龙，让家长在团队中相互学习借鉴，汲取教育学生的方法与艺术。

多元的家校沟通手段，不仅拓宽了家校沟通的渠道，更提升了家长参与教育管理的主体意识，易形成教育合力，提高教育效果，达到"三全育人"的平衡状态。

正是有了"和润"名师团队，班主任们因共同的教育理想和教育追求而聚集到一起，大家找到了心灵的港湾，找到了专业发展的共同体。有了名师团队，就拥有了更多的智慧与力量。当教师面对不断变化的环境和接踵而来的挑战时，名师团队会以集体的智慧，为其提供精神支持和专业帮助，进而引领和辐射更多的教师相互学习，相互促进，共同发展。在这样的团队中，不论是名师，还是年轻班主任，大家都能互相学习，每一位教师都能在团队中站得更高，走得更远。

在"和润"名师团队的引领下，学校不仅为自身培养优秀的人才，还向地区辐射，推动地区班主任群体成长蜕变，进而辐射并推动地区教育事业的持续发展。

第六章

一室芝兰：班级建设

班级是学校教育的基本组织单位，在学生的学习生活中起着最基础、最直接的组织功能。一方面，班级是学校向学生进行"和润"德育的重要载体。每一位不同的学生在班级这个基础单位中接受"和润"德育的浸润，并在班级中找准定位，发挥特长；另一方面，班级本身也是"和润"德育的教育资源。班级不仅是学生接受知识教育的资源，也是学生社会化的资源、学生进行自我教育的资源。班级作为学生学习生活的一个整体，其本身也有影响力，且发挥着比教师还要大的作用。因此，班级建设既是"和润"德育的目的之一，也是德育浸润的手段。

班级包含了班级成员在学校学习和生活过程中所形成的理想信念、价值取向、生活态度、思维以及行为方式。那么如何让班级建设成为学校"和润"德育发展的基础力量呢？物质是班级建设的基石，制度是班级建设的保障，精神是班级建设的灵魂。只有从物质、制度、精神等维度来思考，才能充分发掘"和润"班级的意义与功能。

第一节　物质建设

学生一天大部分的时间是在教室里度过，毫不夸张地说，教室就是学生的第二个"家"。

苏霍姆林斯基说："用环境，用学生创造的周围环境，用丰富的集体精神生活的一切东西进行教育，这是教育过程中最微妙的领域之一。"这明确告诉我们，班级物质环境是十分重要的教育媒介，它对学生的浸润是无声的，但却是真实存在的。

班级物质环境作为班级建设的基石，由班级成员在日常学习生活中创造出的各种实物成果以及物质设施所构成。班级环境就是班级文化内涵的窗口，整洁、有序、温馨的教室环境可以激发性情、陶冶情操，充满文化气息的学习生活空间，看似没有给学生严格的约束，学生却在潜移默化中受到精神的洗礼。这样的环境浸润不着痕迹，但却在和谐和气中，为学生营造良好的成长环境。

一、传统型物质环境

苏霍姆林斯基说："无论是种植花草树木，还是悬挂图片标语，或是利用墙报，我们都将从审美的高度深入规划，以便挖掘其潜移默化的育人功能，并最终连学校的墙壁也在说话。"教室卫生情况，书本摆放状况，班训、标语的拟定和张贴，板报、墙壁的布置，班级物品的摆放等本身既是班级物质环境的重要组成部分，也是传递"和润"德育理念的重要载体。

（一）浸润"家国情怀"

"和润"班级将国旗张贴在黑板上方正中央，时时刻刻让学生把祖国放在心中。教室墙壁的醒目位置上，"和润"班级张贴24字社会主义核心价值观以及《中小学生日常行为规范》，时刻提醒学生将社会主义核心价值观内化于心，外化于行，时时以规范标准严格要求自己，做真正的"和润"学子。

（二）浸润"人文素养"

"和润"班级里，学生会张贴班级特色班规，这是所有班级成员共同约定而成的班规，它的影响力量远比纯粹执行某种既定规则来得强大。"和润"班级里的图书角，营造班级书香氛围，激发学生阅读兴趣，提升学生阅读品质。"和润"班级的文化角里，有学生栽种的绿植，有学生喜欢的名言，有学生欣赏的名画……轻松愉悦的氛围、恬静优雅的环境，让学生的审美情趣、人文素养悄然提升。

（三）浸润"个性特长"

"和润"班级就是一个"和合共生"的团队。具有不同背景、性格、特长、能力的学生在这个团队里，既相互包容、共同成长，又能找到各自不同的发展方向和平台。"和润"班级里的主题板报墙、合作展示墙、班级荣誉墙、个人风采墙、作品展示墙等充分发挥了它的教育影响力。教室就是学生的家园，班级文化生生不息的生命感使学生无时无刻不在感受生动活泼且富于变化的"和润"学子风采。

良好的物质环境促进了"和润"班级的凝聚创优，而"和润"班级的凝聚力又影响促进了"和润"学子的个性发展。

二、创新性物质环境

苏联教育心理学家 H. 考尔提什科夫在《教室的座位如何安排》中说："上课的效果和课上的气氛在一定程度上取决于教室内学生座位安排得如何。"初中学生在社会化和个性化形成过程中，同伴群体对其影响有时候会远远超过教师和家长。因此，"和润"班级座位就是班级建设的创新性物质环境。"和润"班级一般以 6 人为组，6 名同学座位集中，会定期调整小组座位，便于交流和互助。

一方面，小组集中座位可以提升学生与同伴群体交往的数量和质量。小组集中座位打破了传统的封闭空间，学生的微环境从数量上的"2"提升到"6"。无论从随堂听课还是学生反馈，学生在学习生活中感受到的压迫感和拘束感更小，得到的练习机会更多，互助更频繁，群体受众面更大。在身心愉悦的氛围中，学生能更好地接受"和润"德育的浸润。另一方面，小组集中座位增加了学生与同伴群体交流情感的机会。这样的座位使得学生体验欢乐、兴奋、自尊、成功、满足及其他各种情感的机会大大增加。充分地交流，不但能激发学生的好奇心和求知欲，而且能让学生把学习当成积极的情感体验。在学生社会化和个性化发展的过程中，积极融洽的人际关系对学生的态度、行为、学习、课堂交往以及身心健康发展都有着独特的影响。

第二节 制度建设

团队是由少数有互补技能，愿意为了共同的目的、业绩目标而相互承担责任的个体组成的群体。"和润德育"认为"和润"学子应学会包容、合作、竞争，学会自主管理、自主发展。"和润"学生团队应该通过小组合作、竞争来达到学生自主管理、互助协作、共同发展。

在学校生活中，要实现由学校强制教育过渡到学生自主教育，由学生个体发展过渡到群体提升，小组合作模式制度化就是强有力的保障。在"和润"班级里，推行以小组为基础德育单位的德育模式，建立师生间、生生间畅通的双向或多向的交流互动渠道，提高学生积极、主动参与小组管理、自我管理、自我发展的意愿，从而形成一个开放、互动、互助、互进的学生团队，尽可能使"和润"学子有最大化的个人发展。

一、小组合作制度的建构

（一）"和润"学生团队的建构

美国心理学家皮亚杰的认知发展理论和班杜拉的社会学习理论提出的内因和外因相互作用的发展观，即主体与其他个体相互作用的结果，投射到小组合作制度中，就是学生个体在一个积极良性的小组群体氛围中可以得到良性的影响，从而突破自我的局限性，为发展提供可能。为此，学校将"和润"班级最基本的德育单位细化到各个合作小组。

基于此，"和润"班级的小组建制采用异质建组、同质竞争的方式。

异质建组：在新生入学时，班级推行由不同梯度组员构建的小组，这样的搭配可以起到使不同层次的同学相互影响、团结协作的目的。在操作时，班级先确定合作小组组长，再根据学生的学情与能力确定梯队，最终形成旗鼓相当的异质小组。其目的在于将具有不同学习品质、素质能力的学生均匀分布到各个小组，尽可能削弱组员之间相互的消极影响力，形成积极的合作团体，然后在小组组员的相互合作下，力求有所突破。

同质竞争：核心理念是因材施教。学生的个性、能力、目标等发展各不相同，全盘的小组合作会在一定程度上让部分素质能力较弱的学生产生依赖心理和惰性，也会让素质能力较强的学生产生懈怠情绪。因此，班级利用同质竞争来激发同等梯度学生的学习斗志和竞争意识，挖掘潜能。组员来自不同的梯队，每个人竞争的对象和标准也不尽相同，不是单纯比较分数的高低。而是依托梯队而展开竞争。例如第一梯队的李某的综合考核得分为 90.14，在异质小组内可能是比较高的分数，但是当李某与同质梯队的成员进行比较时，其综合评价考核得分排名靠后。再如第五梯队的王某，其综合考核得分在异质小组内并不突出，但当王某与同质梯队的成员进行比较时，其综合评价考核得分则排名靠前。

传统的德育管理制度下，班级的德育管理比例为 1∶50（即一位教师直接管理 50 名学生），而在小组合作制度下，该比例调整为 1∶10∶5（即一位老师直接管理 10 位组长，间接管理其下属的 5 位组员），这样的调整使得"和润"班级建设更具目标性和实效性。

小组合作制度的核心理念，即以"和合共生"为基本目标的合作、互助、竞争，实现学生之间的求同存异、和合共生。

（二）"和润"评价方式的建构

小组合作制度的核心是精准地对学生的小组合作做出评价。通过对学生合作的精准评价，激励其主动、积极地参与自主管理，并能自主发展是"和润"德育的目的。基于此，班级建构起以"表扬单"为基础的"和润"评价方式。

1. 表扬单的体系

为体现合作与发展两大维度，表扬单的体系呈现个人和小组两个层面。个人层面，"表扬单"设计成行规和学习两大基本类；另行设计个人竞赛优胜表扬卡（分设男、女），针对阶段性学生的个人表彰。小组层面，"表扬单"分小组合作A、B两个等级，用于教师对学生小组合作有效性的评价。另外还设计小组竞赛优胜表扬卡，针对阶段性小组的合作进行表彰。

2. 表扬单的发放

"和润"班级教师统一设置"表扬单"的发放标准，并进行定期总结、表彰。在日常学习生活中，教师为不同素质能力的学生创设得到表扬单的机会。小组组员有各自的发展目标，各个小组也有不同的发展目标。当组员取得的综合考核分数高于目标时教师会发放表扬单；当组员的表现优异，教师也会发放表扬单；当组员取得进步，教师则还发放表扬单。

当小组表现优异，教师会发放小组表扬单。例如，最先完成某项任务的小组会得到小组表扬单；很好地合作完成有难度的任务，小组会得到表扬单；有进步的小组也会得到表扬单。这样一来，组员们为了在小组竞争中取胜，就会团结协作。

3. 表扬单的总结

"和润"班级会进行小组合作的每日小结，就是说每天放学之前每个小组都需要进行一日小结，小结的内容包括是否完成既定任务、是否取得进步、是否存在违规现象等。教师根据小组总结发放以及扣除相应的表扬单，以起到奖惩的作用。"和润"班级还会进行小组合作月度总结。月度总结评价的维度分为目标达成度和增量。月度总结班会上，教师分析班级内小组合作的开展情况，各小组再根据自身情况分组讨论总结，制定下个月的目标。

"表扬单"的合理使用，能有效刺激班级中学生个体产生竞争的意识，在小组内进行个人之间的竞赛以及以小组为单位的与其他小组的竞赛，从而大大促进学生在团体协作中的发展。通过定时的小组总结反馈，实现学生的自主管理。学生在合作中集思广益、各抒己见、积极思考，在合作中学会学习，在学习中学会合作，增进感情交流，改善人际关系，这样有利于学生发挥出自己的最高水平，有助于培养学生的合作精神。

二、小组合作化管理制度的普及化

（一）凝练团队意识

小组合作对学生而言是全新的制度，班级通过合作的形式，让学生融入小组，融入班级，形成团队意识。团队意识是学生完善人格的基本条件，也是班级增强凝聚力、向心力的必备条件。孙子在《谋攻篇》中谈"知胜之道"时写道："上下同欲者胜。"因此，班主任首先要考虑的问题是如何凝练团队意识。

1. 在时间和空间上培养团队意识

首先，班主任根据"和润"班级小组集中座位将小组进行捆绑，即让小组成员集中在教室的同一空间。小组成员共同承担班级工作，在更多共同时间和空间的相处中，小组成员彼此更加了解；在合作完成任务的过程中，明确各自的优势和不足，取长补短，团结协作，彰显"和而不同"的校园文化。

2. 在向心力和凝聚力中催化团队意识

学生在各类活动中，以小组为单位，以合作为形式，完成各项任务，凝聚团队力量。比如，在"六一"公益活动中，各小组分工承担活动方案设计、义卖品筹集、班会设计、善款使用等各个环节的任务，共同合作完成"和润"班级的整个活动。再如，在读书沙龙活动中，小组成员分工承担课件制作、展示交流、心得撰写、信息报道等任务，共同完成整个合作任务。学生在学习中也以小组为单位，以合作为形式，相互激励，共同进步。学生在课堂上有机会根据自己的优势选择学习任务，高效学习、愉快学习，在小组成员的默契配合下完成学习任务。通过小组的形式参与各项活动，一方面增进了小组成员的感情，另一方面小组成员在这一过程中，劲往一处使，增强了小组凝聚力和向心力，团队意识不断得到催化。这是"以形润心"的"和润"浸润效果。

3. 在荣誉感和挫败感中强化团队意识

团队荣誉感是指学生自觉意识到作为小组团队一员的尊严和荣耀，从而更加热爱小组，珍惜小组的荣誉，并能推动所有组员积极向上的一种情感。因此，学生团队具有强烈的荣誉感是小组合作制度普及化的重要保障。为了培养小组成员的团队荣誉感，班主任将小组成员在学习、活动中的各类奖惩都纳入到小组中来，将小组成员的荣辱进行捆绑，使得学生在团队的荣誉感和挫败感中养成"一荣俱荣，一损俱损"的意识，进一步强化了团队意识，促使小组不断进步，人人向上，为学生今后适应社会的发展奠定基础。只有学生善于合作，荣辱与共，每一个组员拧成一股绳，"和润"班级才更为强大。

（二）提升合作的实效

把合作内化于心是小组合作制度普及化的标志。如何让所有人真正从内心接受小组合作，"仪式感"教育是一种很有效的手段。班主任在班级内部构建的仪式感，会使学生更热爱小组、关注小组。此外，在合作过程中，对每个人做出精准的评价也能精准地激励每个组员，能使学生的行为习惯内化于心、外化为行，从而引导学生成为小组真正的一分子，班级真正的主人。

1. 家校联结，营造仪式感

利用特殊而重要的时间，营造富有仪式感的氛围。法国人类学家范热内普首先提出了"仪式"的概念。他认为人的生命在一个阶段向另一个阶段的转化过程中需要一个仪式。仪式是一种通过行为或语言来将个人或群体带入某个特定情境的活动。班主任利用每日放学前的10分钟、每周周一晨会、每月的主题班会等时间，总结小组合作中每个人、每个小组的表现情况，并对小组合作中的优秀个人、优秀小组等进行表扬，在这样的特殊而重要的班级管理时间里，小组合作华丽登场，为小组合作营造富有仪式感的氛围。

利用特殊而有意义的方式，强化认可度。奖励如果只停留在物质层面，那么其持续性太过短暂。为使这份荣誉感更持久，班主任进一步通过仪式感，强化小组合作的认可度。例如，班主任会在固定的周表彰、月表彰中为先进小组摄影留念，并且张贴在班级文化墙上，还会把照片分享在家长群里，以"文化墙上的仪式""家长群里的仪式"来增强小组成员的自尊心和自豪感。月度获胜小组获得的心愿单，可以满足学生各方面的需求，大大满足了学生的自尊心，让学生们打心底里更加接受小组合作。只要教师创设的仪式感让学生感受到，那么学生就能在充满爱和真心的"和润"氛围中被滋养、被熏陶。

联动家长的力量，丰富各种仪式的形式。为进一步激发学生小组合作的热情，丰富小组合作奖励的形式和内容，教师还邀请家长参与其中。例如，家长制作精美的手工品作为班级小组评价的奖励；家长以录制祝福视频（说出心里话）的形式，送给获胜小组的成员，这在带给学生惊喜的同时，也使亲子关系更加和谐融洽。在家长的联动配合下，小组合作的形式会更加丰富。在家校的合作坚持下，小组合作不流于形式，由表及里，由浅入深，真正走进每一位学生心里。

2. 评价机制，激发自豪感

除了仪式感之外，班级和学校的评价体系和奖励机制也是提高合作实效性的有效手段。班主任将"小组合作之星""小组合作优秀个人"纳入班级考核，学校将"优秀合作小组"和"优秀合作小组长"纳入期末评优，并进行校级表彰。强烈的荣誉感能有效激发小组成员的成就感，强化团队自豪感。榜样力量无声，行为示范无痕。在榜样的影响下，在自豪感的驱动下，小组合作制度根植于学生内心，团队意识也走入每一位学生心里，学生对小组合作的认同感也于无形中被深化。

学生和学生、小组和小组、班级和班级，看似独立又是团体，具有共性又不乏个性，所有人被一股无形的力量拧成一股绳，于小组合作氛围浸润下，和而不同，合力向上。

第三节　精神建设

班级精神文化作为班级建设的核心和灵魂，是班级在学习生活中所形成的价值观念和精神成果。对于物质文化和制度文化而言，班级精神文化是一种更深层次的基础构成，反映了一个班级的精神面貌和形象，涵盖了班级成员认同的价值观念、价值判断和价值取向，道德标准、行为方式，等等。在"和润"德育的小组合作制度下，建设班级精神文化，就需要充分重视团队文化的营造，这是"和润"班级文化建设的核心。它虽是无形的，但又无所不在，就像绵绵春雨，陶冶着学生的情操，塑造着学生的灵魂，对每个学生起着潜移默化的教育作用。"和润"德育下的"和润"班级文化往往具有四个维度：文化认同、规则意识、学习品质、行为外化。

一、文化认同

文化认同即个体被群体的文化所影响，只有在文化认同的群体里，人才会有归属感，有归属感才会有足够的内驱力，有内驱力才能发挥团队的凝聚力和创造力。在"和润"班级文化中，文化认同就是指班级成员在同种文化的感染下形成的统一意识形态。

（一）文化载体

班级精神文化需要有具象化的载体。一个"和润"班级是要聚集在一起生活三年的，而借助具象化的载体，可以增强班级凝聚力，彼此达成精神上的共识，是一路走下去的情感支撑。做好这件事需要找到适合"和润"班级发展的理念与文化输出。

例如，有教师结合班级学生的特点，以"水"为载体，要求学生像水一样亦刚亦柔，提出"水文化"。教师选择了了"上善若水"这一主标语，将"水文化"植入人心。心理学中的"水"代表着潜意识。教师借助"水"这一元素和其背后的文化含义，让学生了解水，走进水，驾驭水，甚至与水融为一体。其实就是认识自己，走进自己，改变自己到最后接纳自己的成长过程。三年或许改变不了一个人，但一定能够让"水文化"扎根在学生们的精神世界中，或许未来的某一天，他们会找到自己的闪光点，找到自己和水特质相契合的那一点。

"水文化"贯穿了学生们学习和生活的方方面面，给予集体进步源源不断的精神动力。水不是万能的，但没有水却是万万不能的。就如同学生的成长经历也并非一帆风顺，常常伴有水波兴起，而唯有当学生能够正视自己，教师能够波澜不惊，教育的效果才能细水长流。如此，浸润在"水文化"中的班级成员，就能够因为"水文化"的正向引导而互相影响。

（二）渗透交融

"和润"班级文化的渗透交融，是教育的理想境界。以"水文化"为例，所谓渗透，旨在将"水文化"穿插于劳动、纪律、艺术、体育、创新实践的方方面面。水是灵动的象征，有了前期精神文化和心理氛围的铺垫，教师就能进一步实践"水文化"。实践才能出真知，与其面面俱到，不如让学生跟随"潺潺流水"，感悟"水文化"的强大力量。

所谓交融，是指不同成员对于"和润"班级文化的不同理解。例如，教师教育学生以自己对"水文化"的不同理解来实践不同的学科学习方法：文科学习中，"水文化"的温润和持久可以外化为提升内涵、沉淀积累的学习品质；理科学习中，"水文化"的通达和冷静可以外化为严谨科学、举一反三的思维模式。教与学的相辅相成，也能体现"水文化"的交融特点。

教师要求学生在生活学习的方方面面要求自己，像水一样生存……"水"的意象有千百种解读，抓住班级动向、学生问题，用恰当的方式不同程度地利用水意象的特质对班级整体氛围进行熏陶。

二、规则意识

在"和润"班级文化认同的基础上，学生共同制定班级规则，拥有统一的衡量对错的标准，学生再以这一标准进行评价与奖惩，做好自我管理。

以"水文化"为例，教师教育学生：水也有信，江河有汛期，海洋有潮汐，这是永恒不变的自然规律。这就好比行为规范，即便创新与改革，也是基于对原则的尊重与遵循。"水文化"班级里，每一个个体就是一个水分子，其汇聚而成集体是要变成飘忽不定的气态还是坚硬不摧的固态，取决于每一个水分子是否有共同承认且尊重的规则。师生达成了三个共识："抽刀断水水更流"，因此"规则是面向大多数的，而不是约束少数人的"；"水是千姿百态，变化多端的"，所以"不同年段需要及时调整改变班规，而非适应班规"；"智者达于事而周游无滞，有似于水，故乐水也"，故"班规应该是具有班级特色的，是能够包容班级个性，符合班级特点的"。

虽然班规制定的前提是基于学生的主观意向，但总免不了有打破规则的不和谐。"问渠那得清如许，为有源头活水来。"虽然水润万物，但同样也需要机制来维护"水文化"的平衡。对于跳脱于框架外的"水分子"和不争不抢的"死水潭"，班级的奖罚和评价就显得尤为重要。于是，通过小组合作和竞争，让"水分子"抱团取暖，发挥自己和团队的力量，奔流不息，达到"活水"的目的；通过表扬单和小组评价机制，给"水分子"及时注入"氧气"；通过集体教育、主题班会，并非让不和谐消失，而是让不和谐存在，但是合理的存在。

三、学习品质

"学习"是贯穿学生成长过程的重要内容，包含学习为人处事和学习知识技能两个方面。在良好的"和润"班级文化的浸润下，"和润"学子应学会学习，乐于学习，要具有充足的学习动力和良好的意志品质。

（一）学习动力

学习是一个充实自我的过程，是为了将来的自己有更好的选择。学习也是一个艰苦付出的过程，不是一帆风顺和风平浪静，正是过程的点滴磨炼，才汇聚成了未来的江河奔腾。以"水文化"为例，教师教育学生：水变化无穷。水既可蒸发而变为大气升腾九霄，又可化气为云飞滚于宇宙天空，云又可变为雨雪降落于大地。据此，教师教育学生，现在所有的努力，都是为了将来遇见更好的自己。另外，教师通过开展主题教育，让学生对不同的学科展开联想：例如，"未来的你能用数学做什么？"学生通过讨论，发现学习知识技能很有意义，很有价值。因为任何的知识技能，都将成为其未来"排山倒海"的动力之源。

（二）学习毅力

以"水文化"为例，水是最柔软也是最刚毅的。有着无穷的力量和坚忍执着的顽强毅力。正如老子在《道德经》中说："天下莫柔弱于水，而攻坚强者莫之能胜，以其无以易之。"意思是，天下没有比水更柔弱的，但水能以柔弱的身体攻克最坚强的力量，它可溶蚀金属，也可击穿顽石，所谓以柔克刚，从中可见水的坚韧与执着。通过学习水的这一特质，让学生培养学习毅力，在班级中阶段性地发起"坚持寒暑假共读计划""坚持每周一做好to do list""坚持跑步打卡计划""坚持一天提问一个问题计划"……实施过程中不断贯穿"水文化"的熏陶，让学生在共同计划的感染和鞭策下，培养意志品质，锻炼学习能力。以柔克刚，坚持不懈，终能滴水穿石。

四、行为实践

任何一种文化，最终都将体现在人们的行为实践中。"和润"学子的行为实践直接体现了"和润"班级文化浸润的价值观。班级文化的精神输出，穿插于劳动、纪律、艺术、体育、创新实践等教育的方方面面，教师在和学生共同建设班级文化的过程就是浸润"和润"德育的实践过程。

例如，教师利用"水之川流不息，不舍昼夜"进行劳动教育，开展以"因为劳动，所以奋斗"为主题的微班会，让劳动成为"奋斗"的载体，让学生做勤奋的"水分子"。教师利用"水静则平，水净则明"进行纪律教育，并通过做"纯净水"的实验，结合班规的制定，让学生明白个体对于团队的影响，规则意义之重大，因此要做自律的"水分子"。教师利用"水是生命之源，水是至善至美"进行生命教育，让学生体会生命之宝贵。生活学习中不缺乏美感，缺少的是发现美的眼睛，教师要在学生成长过程中正向引导，让学生感悟美的事物。因为坚信把任何事情做到极致就是艺术，因为坚信提高审美是分辨是非的重要前提，所以学生要争做高尚的"水分子"。教师利用"水的灵动之美，力量之大"进行体育教育。通过感受大自然中水的物理变化、水的化学性质，让学生发现强健的体魄和美好的内心同样重要。强化体育锻炼，坚持每天运动打卡，做健康的"水分子"。教师利用"水的海纳百川，有容乃大"进行创新实践教育。通过系列社会实践活动，让学生在实践中找寻自我价值。同时，水的兼容也让学生有一种不断突破自我、改变自我的动力，做创新的"水分子"。

班级是学校的基本单位，"和润"班级则是"和润"德育的"干细胞"。"和润"班级建设直观地体现了"和润"德育的教育形态，它既是学生提升社会性的关键组织，也是学生发展个性的重要平台。"和润"班级通过物质、制度、精神三个维度的建设，培养温润通达、和而不同的"和润"学子。

"和润"班级培养了学生的规则意识，学生能自觉遵守规则，守护规则；"和润"班级培养了学生的社会能力，学生能建立良好的人际关系。"和合共生"的理念深植于"和润"学子的心中，学生能尊重自己和他人的差异，也能在同样的"和润"班级文化浸润下，和他人一起共同成长。"和而不同"的理念贯穿于"和润"学子的成长过程，学生在小组合作过程中发挥了个性和特长，也完成了自我教育和自主管理，实现了自主发展。

第七章

知行合一: 德育活动

第一节　劳动实践教育

劳动实践教育是中学德育的重要内容，早在 2015 年教育部就发布了《加强中小学劳动教育的意见》，指出了劳动教育的重要性、主要目标、基本原则以及抓好劳动教育的主要环节，完善劳动教育的保障机制等。《意见》指出："计划用 3～5 年时间，统筹资源，构建模式，推动建立课程完善、资源丰富、模式多样、机制健全的劳动教育体系，形成普遍重视劳动教育的氛围。"2017 年发布的《中小学德育工作指南》也指出，要加强劳动实践，在学校日常运行中渗透劳动教育。随后教育部发布的《中小学综合实践活动课程指导纲要》，强调了学生亲历感悟、实践体验的重要性。2018 年浙江省教育厅发布的《关于加强中小学劳动实践教育的指导意见》，再次强调了劳动实践教育的重要性及其意义，"通过劳动实践教育，促进学生形成良好的劳动习惯和积极的劳动态度……培养他们勤奋学习、自觉劳动、勇于创造的精神和实践能力，提高广大中小学生的核心素养，为他们终身发展和人生幸福奠定基础"。此外，立足实践体验的研学旅行也越来越热，这既是政策的推动，也是新时代对人才发展的新要求的体现。因此，把劳动实践教育纳入湖州四中"和润"德育的实践已势在必行。

一、劳动实践教育之于"和润"德育的重要性

在教育改革的不同时期，劳动教育的地位有所不同，但不可否认的是劳动教育对于一个人的完整人格有着极为重要的影响。从内容上讲，狭义的劳动教育只限于卫生劳动，而"和润"德育下劳动教育的内涵更为广泛，定义为劳动实践教育。"和润"德育下的劳动实践教育是指将社会实践、家庭教育、社会教育的劳动实践教育功能有机融合，让学生直接参与劳动实践过程。

在劳动实践体验中，学生将学习与社会、生活紧密联系起来，增强劳动感受，掌握劳动技能，养成劳动习惯。此外，更为重要的收获是在小组或团队中，学生与其他成员相互学习，建立良好的沟通，培养团队合作能力。在与社会接触的过程中，进一步增强实践能力，发现、解决问题的能力与创新能力，同时不断反观自我，促进自我人格、品质素养的和谐发展。这便是"和润"德育中我们要达到的人与人、人与社会、人与自我的共存、发展、繁荣的目标。

这种体验式浸润与传统课堂中老师直接说教相比，方式是柔性的、无痕的，能让学生在真实的情境中，慢慢受到熏陶和感染，这正是对"润"的最好诠释。而参与实践的过程与结果，即让学生先浸润自己，然后浸润他人，这就是"和润"德育想要达到的"润人"效果。

二、"和润"德育下劳动实践教育的开展

（一）因"地"制宜，开拓劳动实践基地

学校依托校园周边已有资源，通过"走出去"的模式，立足于学生成长，开发实践教育基地。比如，丝绸小镇实践基地位于钱山漾，而学校西山漾校区就享有地理优势，早在2017年学校就与丝绸小镇结对，组织学生进行了丝绸小镇博物馆探访活动，学生收获了很多原本在课堂上所无法体

会的知识。通过劳动实践，学生亲眼观看，亲身体会，对家乡有了全新的认识，每一位学生都对家乡产生了深深的认同感，产生了一种身为湖州人的自信与自豪感。我们无须苦口婆心，我们需要的是给学生体验的机会、实践的平台。而"和润"德育的理想境界就是如此，浸润无声地实现教育，而且教育效果显著。

我们的实践不仅仅是对湖州历史文化的追溯，更有聚焦现实的体验。面对广大学生对于劳动实践的模糊认识，学校积极地与法院、律师事务所、童装产业园区等地取得联系，一次又一次走访，为学生实践活动的开展做好铺垫。2019年暑期，学校与湖州市吴兴区人民法院、中国织里童装产业示范园区"小候鸟"之家正式建立共建关系，顺利开展职业体验方面的劳动实践教育。在法院模拟法庭活动中，学生真正体验了各种法官、律师、书记员、法警等职业，对这些职业产生了深深的兴趣，对未来人生有了初步的设想。在"小候鸟"之家，学生体验成为一名社区工作者、教师、讲解员，通过亲子阅读的活动，为"小候鸟"带去"家"的温暖，而学生在付出的同时也在收获着成长：懂得感恩，感谢家人温暖的相伴；懂得反思，反思繁荣的经济背后家庭教育和陪伴的缺失，形成对他人和社会的关照。

（二）"化零为整"，建设学校特色课程

学生品德是在活动和交往中形成发展的，劳动教育是进行德育不可缺少的一个途径，也是国家规定每个学生必修的一门课程。学校要把立德树人要求落到实处，就要十分明确学生适应终身发展和社会发展所需要的必备品格和关键能力。

基于此，学校经过一年多的研究与实践，开发了架构于"社会参与"，聚焦于"学会学习""责任担当""实践创新"的劳动教育课程体系。该课程积极组织学生参观访问具有湖州特色的劳动实践基地，进行社会调查，参加志愿者服务和研学活动，旨在改变学习方式，拓展学习空间，帮助长久以来生活在象牙塔中的学生走进社会生活，开阔眼界，认识国情，增长才干。

1. 制定劳动教育课程纲要

课程纲要的制定，让"和润"德育下的劳动实践教育有了明确的中心。每一位德育人，厘清了劳动实践在所有课程中的地位与价值，明确了课程内容与课程目标间的关系，因此，我们在实践中能把握课程整体，避免出现"只见树木，不见森林"的局面。此外，此纲要的制定也是对我们劳动实践教育课程实施的评估，促进了在接下来的开发过程中我们可以更合理地安排课时、设置内容、开展劳动实践活动。

2. 有序开展校外劳动实践活动

学校研发的校本课程"V&E"（volunteer 志愿者与 experience 实践体验校本课程），已被评为湖州市吴兴区"滋养德育"精品课程。在此基础上，学校经过修订完善，形成了具有学校特色的德育校本教材《和润德育之"V&E"实践课程》。课程第一阶段，通过地方文化体验之旅和寒暑假的社会实践活动，让学生感受人文，对家乡特色文化有一定的认识，从而丰盈学生的认知。课程第二阶段，在阶段一的基础上，通过职业生涯规划课和研学帮助学生把握人生方向。最后，通过校内"I Volunteer"志愿者队进行志愿服务，培养学生的担当意识，让学生守得住过去、看得到现在、想得到未来。

3. 完善课程评价机制

我们深知，校外劳动实践教育的生命力，需要活动后续评价的跟进与反馈，没有监督与评价机制，劳动教育的效果可能不甚理想，所以建立合理的评价机制显得尤为重要。在评价方式上，学校将以往单一的结果性评价变为过程性评价和终结性评价相结合，注重学生实践的参与度与积极性，形成三年为一体的实践评价档案，记入《我的成长足迹——劳动实践记录手册》，使劳动教育有"迹"可寻。

（1）评价主体多元化。评价主体除了教师、学生外，学校还邀请家长和有关的社会人士共同参与到评价中来，促使评价主体从单一的教师评价变成多元主体评价。学校、家庭、社会的三方联动，让评价更加全面，学生也更加乐于接受这样的评价，极大激发学生参与实践的主动性与积极性。家长们慢慢接受新的理念，逐渐重视劳动教育，因而孩子们也在慢慢改变自己以往的劳动观念，我们的教育也变得越来越顺利。

（2）评价层次多维度。我们不仅关注劳动任务的完成度，我们更加关注实践的过程，学生是否积极参与，能否发现问题并解决问题，是否有创新成果。这些维度的确定，极大程度地改变以往只看结果的评价方式，它让学生觉得作为独立个体被关注、被接纳、被赏识，让学生更加了解个人能力，通过评价去体察自我，改善自我，成长为更优秀的人。

多元多维评价制度让我们得以通过横向纵向综合比较分析，来发现学生发展的优势与不足，诊断出活动中产生的效果和存在的问题，通过评价逆向指导教学，激励教师与学生发现问题，对照问题改进自己、完善自己，让实践的成果在学生心中"落地生根"，求得更深远的发展。

（三）劳动实践教育的收获

"和"与"润"既是德育的手段，也是德育的目的。德育工作不应该是"散兵作战"，也不倚靠"语重心长"，更不迷信"严刑峻法"，而是"和合共生"理念下的"和润"德育，让学生能够在学习中树德，在活动中锻炼，在合作中完善，潜移默化，最后成长为身心健康、心系家国、善于学习、善于合作、温润通达、和而不同的少年。而劳动实践教育旨在引导学生参与社会，体验人生，养志养责，心系家国。

1. 体验人生，和而不同

通过丰富的劳动实践教育，学生体验到了不同的人生，学做法官、律师、书记员，学做社区工作者、宣讲员、教师……学生通过实践真正参与到社会中来。同时，不同的体验让学生对职业的丰富性、人生的价值，有了更深刻的理解。丰富的职业体验也给学生带来了对人生未来的思考，对职业的规划。

"君子和而不同"。和而不同，就是既能与他人和谐相处，又能保持自身个性与观点，学会良好的人际交往关系，实现自身的个性发展。

在我们的劳动实践中，学生有非常多的机会得以"动手"实践。以模拟法庭活动为例，前期准备阶段，学生需要设计讲稿，制作法庭的台本，活动中需要全程合作完成模拟法庭的整个流程……这里面既有分工又有合作。在"小候鸟之家"，学生除了要阅读绘本故事，还需要全程照顾这些"小候鸟"，因为这些孩子都非常小，有些孩子只有三四岁。在这个过程中，我们可以看到学生与人交流、照顾他人的能力，学生学会"悦纳"自己，认识到自己的优点与长处。而对自己的认同，让学生们变得自信可爱，同时也变得更加勤奋。

2. 养志养责，心系家国

"心系家国"是"和润"德育的目标之一，也是其中最重要的内容。而我们的劳动实践教育便是一个最好的媒介，让学生了解家乡，爱上家乡，传承文化，了解世界；让学生体验不同职业，学法懂法，关爱他人，树立职业理想，承担社会责任，将家国情怀不留痕迹地植入学生心中。

在劳动实践教育的不断浸润、影响下，我们的学生对待社会的态度发生着变化。作为湖州人，我们传承湖笔、湖丝文化，湖州精神，继而用行动回馈社会。从几个人到一个团队再到一个学校，服务社会、反馈社会的良好作风逐渐形成，我们在这两年间看到了学生的变化：校园劳动更加认真，义务劳动更加积极，劳动观念不断更新，社会服务意识增强。在劳动实践过程中，学生们开始思考如何让社会变得更加和谐、文明、友善、有序。许多学生不仅多次参加学校组织的各项各类劳动实践活动，还写下感想，提出改善建议。

正如学生参与模拟法庭活动后写下的感悟：新时代，我们学生当作忠诚担当的接班人，今天我们有责任也有义务为宪法实施献一份力。也许你会说，我们还不懂法，是的，我们现在不懂，可是我们可以学，我们有老师，有书本，有网络，我们不但要学，我们还要讲——在台上讲，在学校讲，在家中讲。坚定信念、知行合一。让法制力量深入人心，让公平正义惠普人民，让幸福生活更有保障。

学生觉得自己作为湖州人，有责任去改善社会的不足，有责任弘扬湖州传统文化，有责任践行垃圾分类，有责任保护湖城环境……这份责任感还不断辐射，带动更多的学生，兄弟学校的老师和学生，积极加入社会志愿服务，为社会做事，尽自己最大的努力回馈社会，奉献青春。

在课程的引领下，在实践活动的推进中，学生通过知识的学习以及实地的劳动实践，逐渐对家乡文化产生认同，大家的心不断靠近——爱家乡、爱社会、爱国家。学生逐渐在实践中找到了一种归属感。我们可喜地看到学生将个人的成长融入时代和社会中，坚定理想信念，把报效祖国、服务社会与人民作为人生追求。"信"而更加坚定有力，文化的自信根植于心中，就像种下了一颗种子，它会不断生长扎根，牢牢地挺立在脚下的这片大地，逐渐成长为参天的大树。

第二节　传统节日新过法

一、有德可育的节日

传统节日以其独具特色的民俗活动和异彩纷呈的故事传说，包罗了中华文明和民族生活的方方面面，蕴含着民族思想的精华和文化的血脉，积淀着民族的信仰、伦理和情感。

（一）忠：爱国主义的民族精神

爱国主义作为一种优良传统和崇高品德，在传统节日中有着深厚的历史渊源，尤以清明节和端午节为代表。传说中爱国忠臣介子推"割股奉君"，其忠心耿耿之壮举深得世人敬佩。后人在其死难之日吃寒食以示纪念。之后，寒食悄然融入了清明。清明节扫墓、悼念烈士、缅怀先烈，也是后人学习先辈们爱国精神的一种表达。

同样还有为纪念爱国诗人屈原而来的端午节。屈原用他瑰丽的诗篇和悲壮的事迹激励着历代中华儿女爱国爱民的高尚情怀，他对人民、对国家的一片赤诚之心，化作汨罗江里翻腾奔涌的江水。今天我们吃粽子、赛龙舟，就是为了学习和传承屈原忧国忧民的爱国情怀。由此，传统节日中彰显和弘扬着不容忽视的爱国主义德育细节。

（二）孝：父慈子孝的亲情伦理

我国的传统节日大多围绕着家庭伦理而展开，处处体现着孝道至上、家庭为重的德育细节。以"孝悌"为核心的伦理道德是中华民族传统道德的一大特点，其基本内容是父慈子孝、兄友弟恭，并由此推及至尊老爱幼等。传统节日中重阳节登高敬老、清明节扫墓祭祖、春节给长辈拜年、中秋节共赏圆月等，都表达着人们对家人团聚、人伦和谐的美好愿景。

中国自古就有百善孝为先的伦理观念，传统节日蕴含着中华民族孝道至上、以家为本的理念，折射出中华民族千百年来团圆和美、人伦孝悌的伦理观念，也体现出尊老敬祖、父慈子孝的德育细节。

（三）礼：庄严有序的礼仪规范

传统节日在漫长的历史发展过程中形成了系统的礼仪，这种礼仪就是一种道德约束。以孔子为代表的先哲，对"礼"的解释，首先就表现在重视对社会秩序的维护上，如《论语》讲"礼之用，和为贵"。中国传统节日的表现形式多样，礼制的呈现最为典型。例如每年春节前迎新春的扫尘、贴春联和年画、除夕之夜寓意"岁岁平安"的守岁、登门拜年互致祝福说的"吉祥话"、清明节祭祀扫墓、中秋赏月之后由家中长辈分月饼等，都是通过特定的礼仪来体现传统节日的宗旨，使参与其中的人可以感受节日浓厚的氛围，在仪式中净化自己的心灵，反思自己的言行，提升自己的道德修养。

（四）敬：敬祖感恩的精神操守

在中国传统节日中，"敬"的深蕴亦是处处流露。作为儒家的基本信条之一，"敬"填补了宗教信仰的缺位，成为社会人伦甚至生之为人的基本价值。祭奠亡灵，是因为内心持之以"敬"；祈福纳祥，也是因为"敬"怀憧憬和理想；祭祖孝先，几乎成为所有人内心深处血脉认同的"信仰"。譬如：春节期间明烛焚香祭祖先，有的到墓地给祖先上坟，有的到宗庙祠堂磕头拜祖，通常是将祖先牌位依次摆放在堂屋，陈列供品，然后祭拜者按照长幼的顺序进行上香跪拜。通过这些祭祖活动，人们感谢祖先为我们留下延绵不绝的血脉、源远流长的中华文明和博大精深的文化宝藏。这些仪式表达了人们对祖先、对英烈的感恩情怀，提醒着我们每个人都应该心存感激和敬畏之心，饮水思源，慎终追远。

（五）和：天人合一的共生理念

传统节日植根于农耕文明，是古人对天地规律把握之后逐渐形成的，包含了一系列适应自然环境、谐调人际关系、传承文化理念的禁忌、仪式、庆祝等活动。我国所有的节日最初都是依据天时设定的，这体现了人们亲近自然、关怀生命以及对人情的呼唤，表达了人们对自然的尊重、对生命的敬畏以及期盼人与自然和谐共处的观念。中国传统节日以四季时令为基础，通过对日月星辰、天地山川的祭祀来与自然进行沟通。人们通过清明节踏青、中秋节赏月、重阳节登高、端午节赛龙舟等活动来表达对和谐的天人关系的追求，建立人与自然和谐共处的伦理关系。《论语·雍也》有云："知者乐水，仁者乐山。"人们在节庆活动中亲近自然、感受自然、敬畏自然，久而久之，就会感激自然的恩赐，更加热爱自然，重视人与自然的和谐，以此达到内外兼修的效果。

二、精彩纷呈的活动

（一）历史长河"寻"佳节

传统节日作为传统文化的重要载体，可谓源远流长，大多有几千年的历史。在漫长的岁月长河中，流传着许多感人的故事。在国外洋节大肆充斥于青少年学生视野的时代背景下，重温与传统佳节有关的故事可以使学生生动地感悟传统节日深厚的历史积淀，增强学生对民族传统文化的认同感。因此，学校围绕传统节日，组织学生开展相关主题活动。清明节缅怀革命英烈，传承爱国主义精神；端午节纪念爱国诗人，培养爱国情怀；中秋节快乐一家亲，共享团圆乐。以"端午思屈原"纪念活动为例，学生阅读《端午的鸭蛋》，举行涂鸦鸭蛋比赛，开展纪念屈原爱国诗文朗诵活动，了解到端午节的习俗，认识了爱国诗人屈原，在传统文化的熏陶中，培养了爱家爱国的情怀。

（二）经典诗词"诵"佳节

情动于衷，抒之于文。诗词是华夏儿女跨越时空的情感维系，自古以来文人骚客为佳节谱写的经典华章，虽经大浪淘沙，却依旧熠熠闪光。以中秋节为例，望着天上的一轮明月，古有苏轼"人有悲欢离合，月有阴晴圆缺，此事古难全。但愿人长久，千里共婵娟"的吟咏，今有艾青"我的思念是圆的，八月中秋的月亮，也是最亮最圆的"的慨叹。每年学校会举行一场诗歌朗诵会，学生朗诵传统佳节为主题的经典诗文或原创作品，从而品味传统节日中蕴含的民族文化精粹，增强对传统节日文化的认同感。

（三）舌尖流淌"品"佳节

每个传统节日因其独具特色的习俗和美食而保留着恒久的魅力，如春节贴春联、剪窗花、包饺子、吃年糕，清明节放风筝、踏青，端午节赛龙舟、吃粽子、佩香囊、撮五彩线、喝雄黄酒、悬艾叶菖蒲，中秋节赏月、吃月饼、猜灯谜，重阳节登高、饮菊花酒、佩茱萸，等等，这些节日特色都寄寓着人们对美好和乐生活的向往，代表着人们最质朴的愿望。教师将这些习俗灵活导入班会课，可以激发学生对传统文化的兴趣。比如端午节，学校组织各班开展"粽叶飘香"班会活动。学生以小组为单位一起学包粽子，最后评选出合作完成数量最多的小组进行表彰。并且让学生挑出自己最满意的一个粽子，在上面写上想对家长说的话，带回家赠予家长。又如中秋节学校组织学生和家长共同做月饼，促进亲子沟通；春节前夕，学校组织学生一起包饺子，庆祝新年。美味在舌尖流转，情感在心间荡漾。

（四）光影流年"画"佳节

牧童、短笛、细雨、新柳是属于清明时节的，菊花、茱萸是重阳画卷中不可缺失的，每个节日都有其自然与人文风光，眼观之则一瞬，笔画之方能镌刻成为永恒。每逢传统节日，学校组织开展手抄报、手绘贺卡、摄影、绘画比赛，促使学生将传统节日和艺术完美融合，引导学生细心捕捉生活中美的影子，提升审美情趣。

（五）笔墨交锋"论"佳节

传统节日是民族的精魂，传承与发扬传统节日是每个青少年义不容辞的责任。但是，随着中外交流进程的不断加快，许多学生对圣诞节等"洋节"的热衷程度远远超过了对中国传统节日的热忱，甚至前些年还出现了韩国人申请端午节为其文化遗产的现象。对传统节日的态度背后彰显的是一个公民的民族认同感。为了激发学生对这一问题的思考，学校围绕如何传承和弘扬传统节日这一主题，在初二年级开展了辩论赛，在初三年级开展了征文评比。

（六）孝亲敬老"暖"佳节

"老吾老以及人之老"，每年重阳节学校都会组织部分学生到敬老院看望孤寡老人，给那儿的老人带去节日里最诚挚的问候（见图7-1）。学生们不仅给老人朗诵诗歌，演唱《北京的金山上》《都有一颗红亮的心》等经典老歌，表演健身操，还亲手写明信片，表达对他们的祝愿，希望他们在敬老院度过安详的晚年。对于住在护理区不方便走动的老人，学生们也一一探望，给他们送去时令水果、面包等小礼品，希望他们早日康复。

图7-1　师生志愿者前往敬老院看望孤寡老人

三、与众不同的创意

前文讲述的均是非寒暑假期间学校举办的一些传统节日活动，那么，在没有老师指导参与的寒暑假，学生又通过怎样的创意来践行"和润"德育呢？

春节期间，学校以寒假社会实践为载体，在游子归乡、岁末相聚的时候，首先，让学生通过家庭访谈或者社会调查，了解春节风俗习惯。比如扫尘，新年前夕有"腊月二十四，掸尘扫房子"（亦称扫屋）的习俗，《吕氏春秋》记载，尧舜时代即有春节扫尘的风俗。再如谈岁，除夕守岁是最重要的年俗活动之一。守岁之俗由来已久，最早记载见于西晋周的《风土记》：除夕之夜，各相与赠送，称为"馈岁"；酒食相邀，称为"别岁"；长幼聚饮，祝颂完备，称为"分岁"；大家终夜不眠，以待天明，称曰"守岁"。学生全程参与"馈岁""别岁""分岁""守岁"环节，在这之中了解家族构成，增强长幼情谊，了解父辈奋斗历史，增加家族归属感和认同感。

在了解传统节日文化的基础上，学生再完成每日一小时的家务劳动，做好"家庭垃圾分类管理员"，分担力所能及的家务事，这可以培养热爱劳动的良好品质和家庭责任感。在劳动中，学生自然而然对"除尘"这一文化传统有了深刻认识，尽心尽力地劳动以实现家居环境的整洁卫生，学生还可以在除旧迎新的同时体会父母操持生活琐事的不易，这可以培养学生对父母的理解之心和孝敬之心，树立感恩意识。

第三节　我志愿，我服务

志愿服务是培育和践行社会主义核心价值观的有效载体和可靠途径。通过志愿者服务，学生在实践中接受、认同社会主义核心价值观，真正将其内化于心、外化于行。习近平同志在谈到青年教育思想体系时强调，要以"社会主义核心价值观"武装青年，注重以"中华优秀传统文化"塑造青年，以"知行合一"检验青年，注重以"埋头苦干"要求青年。因此，学校在践行社会主义核心价值观教育时，充分发挥志愿者活动的育人作用，促使两者有机结合。

为确保志愿者服务的活力与广泛性，学校致力于打造"I Volunteer"志愿者品牌。"I Volunteer"意味着我是一名志愿者；"I"谐音"爱"，意味着我热爱志愿工作。自从学校成立教师志愿者服务队以来，教师以其优秀的榜样示范，取得了家长及社会各界的好评。在此契机下，集教师、学生、家长三位一体的"I Volunteer"志愿者队伍应运而生。

一、我们这样想

每年寒暑假、"三五"学雷锋、"五四"青年节等节假日，每个学校都会组织学生参与社会实践活动。规定的任务、特殊的时间节点，让人往往在纷繁多样的形式中忘了志愿服务的本质。"奉献、友爱、互助、进步"的志愿者精神与中华优秀传统文化一脉相承。中华民族五千年的历史积淀，形成了中国传统道德中的"扶贫济困""助人为乐""见义勇为""尊老爱幼""雪中送炭""与人为善"等古训。这些"利他"的理念体现了原始而朴素的道德精神，志愿精神的"奉献"意识体现着中华优秀传统文化中朴素的公益理念。

"I Volunteer"缘起于四个男孩。2016年，学校初二年级的汤同学与江同学，因一次违反校规而开始了校园保洁工作。德育处先给两位同学定了一周的保洁任务，可是一周后两位同学在午饭后仍如期而至出现在德育处，拿着钳子与垃圾袋开始在校园中进行保洁工作。每天德育处的老师都会和两位学生进行交流，询问校园哪些地方比较脏，告诉他们学习任务紧张可以随时停止保洁工作。可是，这两位同学几乎风雨无阻。不久，又有两位初一的男生由于折损了校园中的树枝，同样开始义务保洁工作。当四位男生相遇时，他们有时会互相调侃"竞争上岗"，有时会主动"分工合作"，初二的两位同学日复一日的坚持潜移默化地影响着新来的两位初一"小伙伴"，就这样他们一直坚持了一个学期。校领导在休业式上重点表扬了四位同学，他们在同学中起到了不小的影响。

习近平同志要求广大青年主动向身边的"模范人物"学习，自觉向先进典型看齐，做积极进取、向上向善的青年人。志愿服务正是一种基于道德和良知的不图回报的精神，四位男生"简单朴素"的公益行为更能涤荡人心。通过服务他人，青少年内心得以成长，"平凡学生"的模范带头作用更有激励性与普适性。德育处为此有了大胆的设想：坚信学生"向善"的力量，坚信正能量能互相传递。四个学生作为"模范人物"的代表，必能带动一批青年学生投身志愿服务，践行社会主义核心价值观。在这样的契机下，学校成立了集教师、学生、家长三位一体的"I Volunteer"志愿者队伍。在建立队伍、开展志愿服务的过程中，"和润"德育落地生根，润物无声。

（一）第一阶段，招募学生志愿者，体现自觉自愿的公益理念

志愿服务所倡导的"奉献"是指没有任何附加条件的单纯付出行为，奉献是高尚的；"互助"提倡"互相帮助、助人自助"，是服务他人、提升自我的途径。因此，一切志愿服务活动的前提为"自觉自愿"，需要学生有纯粹的服务动机。学校通过"I Volunteer"海报招募学生志愿者过程中，200份

报名表在一两天内全部被领完，且不断有学生前来问询。通过自荐填写报名表、面试志愿者、志愿者小组分组等活动，学校成立了校级生志愿者服务队。未能参加校级志愿者服务队的同学纷纷投身班级志愿者服务小分队。志愿者招募活动也体现了志愿者活动的广泛性与群众性。

（二）第二阶段，学生自主设计 Logo，创造志愿精神文化氛围

为避免说教式的教育与宣传，充分发挥学生的创新能力，学校将"I Volunteer"志愿者服务队的 Logo 设计融入美术课堂（见图 7-2），让每一位学生"我手绘我心"，在实践操作中解读志愿服务精神，最大限度地调动学生的主观能动性，创造志愿精神的文化氛围，用艺术的感染力、用学生的想象力去彰显奉献、友善之心的人文情怀，并在学校微信公众号上投票评选优秀作品。活动体现了学生的主体性，学生既是志愿服务的参与者，更是志愿服务的设计者与宣传者，能让学生以这种适合其身心特点的方式体验、感知以及参与志愿者服务活动，在校园内形成"I Volunteer"的文化氛围，体现了"文化育人"的目标。

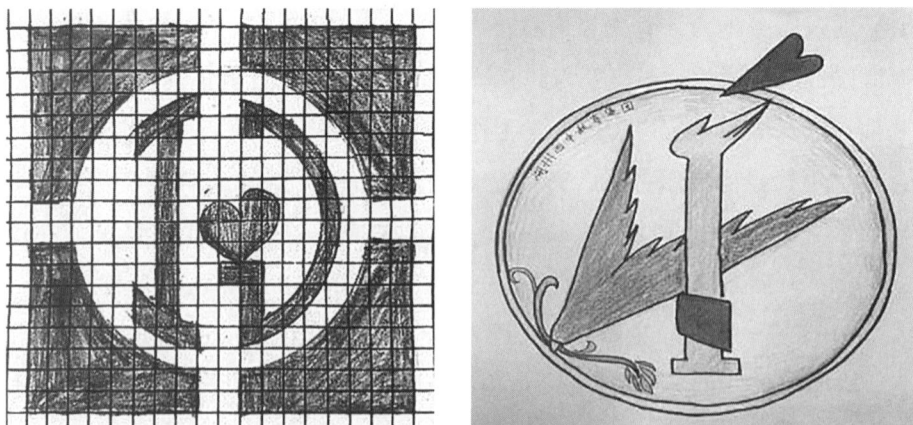

图 7-2　学生设计的志愿者服务队 Logo

（三）第三阶段，启动"教师·学生·家长"三位一体"I Volunteer"志愿者服务队

家长是孩子的第一任教师，教师则发挥着教书育人的责任，两者在孩子的成长过程中的引领与指导是并重的。大手牵小手，教师与家长带着孩子一同参与志愿者服务工作，正体现了志愿者精神薪火相传、润物细无声的育人效果。为体现志愿者活动的庄重感与神圣感，学校隆重举行"I Volunteer"志愿者成立仪式。"爱飞扬"公益组织的家长代表为学生讲述了一个个公益故事，教师志愿者向学生展现了教师投身社会服务的新形象，所有家长、教师、学生志愿者们郑重宣誓，许下志愿服务的承诺。仪式感赋予学生使命感。使命感正是每一位学生践行社会主义核心价值观的助推力。

（四）第四阶段，积极开展志愿服务，培育社会主义核心价值观

青少年核心价值观的养成需要在社会实践中点滴积累。以志愿者服务为载体，能不断增强中学生对社会主义核心价值观的认同，使活动育人落地生根。正如习近平同志指出的："道不可坐论，德不能空谈。于实处用力，从知行合一上下功夫，核心价值观才能内化为人们的精神追求，外化为人们的自觉行动。"社会主义核心价值观不断融入志愿者服务活动，使其有了鲜活而旺盛的生命力。全社会正广泛开展垃圾分类活动时，学校志愿者们走上街头、走进社区，对广大市民进行垃圾分类知识的宣传。活动中，家长和孩子一起做公益宣传，教师与学生一起分发宣传单，这种形式的志愿者服务活动是一个"双赢过程"。一方面，学生在与社会、家长、教师的互动实践中增强了对社会主义核心价值观的情感认同与行为认同，而情感的认同是社会主义核心价值观内化为自身价值观的重要阶段；另一方面，通过学生宣传、微信、媒体等途径，大力宣传向上向善的志愿服务活动和优秀志愿者事迹，营造了积极向善的校园文化，传递正能量，弘扬新风尚。学校的志愿者服务活动取得了不小的社会反响，不少新闻媒体如"阿奇讲事体""湖州发布"微信公众号都进行了相关报道。

2018 年暑期，学校"I Volunteer"志愿者继续前行在志愿服务的道路上。

志愿者们参加了吴兴区人民法院模拟法庭实践活动（见图 7-3 和图 7-4）和织里童装产业示范园区"小候鸟之家"志愿活动（见图 7-5 和图 7-6）。学生们在志愿活动中职业体验，学习了更多的法律知识，也在体验中慢慢发现自己的职业理想，为未来的人生规划打下基础。

图 7-3　学校与法院结对

图 7-4　模拟法庭现场

图 7-5　志愿者在"小候鸟之家"开展阅读活动

图 7-6　志愿者垃圾分类宣讲活动

二、我们这样做

随着志愿者队伍的不断壮大，学校持续关注"I Volunteer"志愿活动的德育效果。例如，志愿服务片面追求"面子"效果，是否会因为"短、平、快"的问题导致教育效果未及深度；是否会因为志愿活动一般集中在寒暑假，缺乏连续性与常态化而导致学生志愿者失去热情。为确保"I Volunteer"志愿活动的德育效果，学校将志愿者工作常态化、规范化。

（一）多阵地多形式，确保服务常态化

志愿服务除了走进社区，走向社会，也可以利用校园这个阵地，学生间、师生间处处可提倡志愿精神。校园保洁、植物认领、图书角管理员、红色爱心伞、校史讲解员、面向家长的宣讲员等，各个阵地、各种形式都可以承载"奉献、友爱、互助、进步"的志愿精神，发挥社会、校园的育人功能和辐射带动力。

（二）评价体系促发展，奖励机制建品牌

如今，我国的志愿者机制日益完善。随着新媒体的崛起，"志愿汇""志愿者打卡器"等 App 也十分便捷。针对在校初中生身心的特点，志愿服务还是应特别强调"纯洁性""自觉性"，以精神与物质双重奖励促进活动的开展。依托学校"服务之星"评优体系、志愿者填写"I Volunteer"成长手册，绘制自己的志愿者服务轨迹，记录点滴心得，打造有温度、有情怀、有善心、有善行的志愿者品牌。

（三）先进典型广宣传，以点带面广辐射

宣传先进典型可以在学生中起到正面示范作用，也可以在社会上起到广泛辐射作用。学校广泛宣传优秀志愿者事迹，树立模范带头人物，用同伴的力量正面激励学生"崇善向德"，让志愿精神不折翅，让核心价值观得以弘扬。一个孩子带动一个家庭，常言道"大手牵小手"，志愿服务的道路上，"小手"也能牵"大手"。我们可以换个角度看世界，以孩子的力量去影响成人世界，还原及塑造一个"与人为善""守望相助"的和谐社会。

总而言之，志愿者服务为广大青少年提供了接触社会、了解社会、服务社会、改变社会的平台与机会。"I Volunteer"德育品牌始终坚持朴素的社会公益理念，"教师·学生·家长"三位一体的活动群体、"向上向善"的校园文化氛围，潜移默化中培养着具有正确社会主义核心价值观的高素质公民，这正是对"和润"德育理念的最好诠释。

第四节　人而有仪，成长有式

"生活需要仪式感，学生成长也需要仪式感。"仪式感不仅是一种精神上的礼仪，更能大幅度提升人的行为力。营造"仪式感"，是学校德育的重要手段。学校通过开展各种有仪式感的德育活动，积极引导学生认识自我，感受关爱，传播正能量。

"和润"德育根据不同年段学生的发展特点组织活动：七年级的"六一"公益活动、八年级的"5·16"成人礼、九年级的毕业典礼。独具特色的仪式感活动贯穿学生初中阶段的几个重要成长时段，不仅为他们记录少年时代的精彩瞬间，更为他们的青春赋予深刻的含义。

一、"欢迎你，看看我的宝贝"

（一）义卖，我们是认真的

进入初中阶段，学生褪去童年的稚气，逐渐走向成熟。在这一人生成长的关键时期，最后一个儿童节，该如何有意义地度过呢？同时为了提高学生的组织、宣传能力，培养学生乐于奉献、关心他人的品质，学校组织"六一"公益活动。在准备环节，各班学生设计海报，筹集义卖品，如用过的玩具，看过的书籍、杂志，自制的手工艺品、书画作品，文具等；在义卖环节，学生组织公益义卖，筹得公益款项为后续活动做好准备。

（二）确认过眼神，你是最卖力的人儿

为吸引眼球，义卖活动的各个"摊位"往往各具特色，吸引了师生家长们驻足观看、流连忘返。不论教师、学生，还是家长，所有人都为"献爱

心"纷纷驻足，都为"慈善"纷纷解囊。在这里，学生学到了什么叫坚持，例如有同学拿着自创的卡通画在人群中"推销"，一个不成功，调整状态，继续下一个，直到成功售卖出去；在这里，学生懂得了什么叫不易，有时候百分之百热情的结果可能是别人的拒绝；在这里，学生们能体会到欣喜，也能感受到失落，所有经历都让人成长。

"六一"公益活动离不开家长的配合与合作，有些家长做了让人垂涎欲滴的美食，有些家长扛着照相机做起了专属摄影师，有些家长投身活动现场，做起了"六一"公益活动的帮手。家长走进学校，走近教育是真正的"和合共生"，学校教育与家庭教育结合起来，让家长体验和理解团队的力量，才能真正实现家校合力。

（三）快乐童年，助力公益

爱是可以传递的，快乐是可以分享的。"六一"公益活动义卖环节结束后，各班志愿者小分队用活动筹得的善款开展各类公益活动（见图7-7）。一方面，学校倡导学生利用善款帮扶特殊的儿童，例如有学生前往阳光之家工疗站看望智障儿童，给他们送去零食、绘图本和彩色蜡笔，并手把手地教孩子们用手中的画笔描绘"太阳花"，和他们进行互动。还有学生前往社会福利院，给福利院的同学们分发点心，并辅导福利院中的同学做手工。另一方面，学校倡导学生关心孤寡老人，例如有学生前往养老服务中心，看望慰问那里的老人并为老人们购置生活用品，让老人们能感受到来自学生的爱。学校还倡导学生通过公益组织，如"情系菰城""爱心妈妈联谊会""蚂蚁公益"等，让善款去往更多的地方，帮助更多需要帮助的人。

通过公益活动，学生亲身体验奉献爱心的意义和帮扶他们的快乐，在成长的道路上，记录坚实的脚印，不断传递正能量。

图 7-7　志愿者小分队参加爱心公益活动

二、"谢谢你，见证我的成长"

十六岁成人礼是湖州地区的传统仪式，其含义是父母长辈对孩子成长的期冀和对孩子未来的祝福。随着经济条件的发展，仪式感逐渐变味。在很多家长的心里，十六岁成人礼不仅是对孩子的祝福，更是面子上的攀比。甚至有家长戏言："十六岁成人礼已经堪比结婚仪式，只是少了另一半主角。"

学校在这一盛行风俗中看到诸多弊端。其一，攀比心理喷发。曾经有学生为了能在高档酒店办成人礼，在家里叫嚣着"宁可在某高档酒店吃咸菜，不在某一般性酒店吃肉"。其二，坏习惯滋生。办生日宴席时家长为了显示热情，会在酒桌上放置各种酒与香烟，学生往往会叫上一两桌好友，有些自控能力不够的学生或是好奇心旺盛的学生容易受到诱惑。有部分学生甚至可能在之后结伴去娱乐场所。其三，频率太密集。参加成人礼的学生年龄大多相仿，成人礼的时间往往较为密集，学生因频繁参加成人礼，而致使学习专注力会下降，学习质量也会下降。其四，易发小团体矛盾。学生举办成人礼，不亚于成人世界的社交活动。过于复杂的社交活动，容易给学生带来负面的影响。

基于此，"和润"德育致力于十六岁成人礼中的教育功能。学校于5月16日（寓意"我十六了"）为学生举办集体"十六岁"成人礼。通过超强仪式感，认识自我，承诺改变，升华成长。

"十六岁"成人礼仪式教育体现"慢教育的力量"，既是对湖州文化的传承，也通过仪式的庄重感让学生自然而然产生对于价值观的敬畏、对于他人和社会的尊重。仪式能增强学生的在场感和参与感，学校的成人礼仪式依靠一定的场景，采取一定的方式方法实现学校教师、家长、学生三方的交流与对话。萨特说："越慎重的仪式越象征着某些重要人生历程的开启。""谢谢你，见证我的成长"更有助于学生社会角色的转换和对个人价值的肯定，也能更快地让他人接受自己身份的转换，实现人的社会化。

（一）和未来的自己对话

"5.16成人礼"系列活动之一就是"和未来的自己对话"。一年后的5月，应该是中考的冲刺阶段，想要和那时候的自己说什么呢？在成人礼上，学校邀请每一位学生给一年后的自己写一封信，写一写对自己的希望，写一写对自己的祝福，想一想未来的自己。学生把这封信封存起来，交到学校特别准备的"时间胶囊"中，来年的5月再次打开，看看自己能否实现自己曾经定下的目标。

（二）和父母的对话

"5.16成人礼"系列活动之二是"和父母对话"。教师会提前向家长发布这个特殊任务，让家长通过文字完成和孩子的对话。在孩子不知情的情况下，家长写下自己想和孩子说的话，向孩子展示他们未曾说出口的深沉的爱。在"5.16成人礼"当天，教师会在班会中，让孩子读一读父母的信。文字的力量，有时候胜过千言万语。

（三）我成长，我宣誓

"5.16成人礼"系列活动之三是"我成长，我宣誓"。在成人礼上，每个学生都精心打扮，盛装出席，向所有人宣布"我成长了"。学生还进行宣誓，每一个人都大声向世界宣告，在这一天，他（她）长大了。他们这样宣誓道："十六岁，我会丢下华而不实的幻想，学会踏踏实实学习。我会抛弃永无休止的玩乐，学会认认真真做人。人生的十六岁，是一个崭新的里程碑。从今天起，我长大了！在大家的见证下，我会做最好的自己！做优秀的自己！努力成为对社会有用的栋梁之材！"这群花季少年们在集体成人礼上的呐喊，不仅仅是一句简单的话，更是他们对自己、对社会的一种誓言。

十六岁，这个意义非凡的年岁，意味着昔日的孩童，已经长大。他们将以成年人的眼光，审视过去，反省错误，或许从前可以用年幼无知辩解，但从此该开始再无任何借口；他们将立足于成年人的位置，脚踏实地地做好每一件平凡的小事，集腋成裘，成就青春的伟大；他们将站在成年人的高度，放眼未来，为自己、为家人、为民族、为祖国设计出一张最唯美的蓝图。

三、"难忘你，母校"

"三载励志苦读，一朝鲲鹏展翅"，对于学生而言，毕业就意味着"和润"德育画上了休止符。怎样让"和润"德育继续浸润这群即将踏上新征程的毕业生，是学校需要思考的问题。毕业，并不意味着结束，学校策划"难忘你，学校"毕业季活动是让"和润"学子重新出发，在新的征程继续践行和传播"和润"正能量。

（一）我爱我师

隆重而又难忘的毕业典礼，是毕业季中必不可少的一个环节。所有毕业学生与家长都会来到学校，参加这最后一次校级会议——毕业典礼。毕业典礼上，教师郑重地把毕业证书交到每一位学生的手中，让学生珍藏这一份"和润"学子的身份证明，同时教师会最后一次叮嘱学生继续做一名"和润"学子，传播"和润"正能量。

在毕业典礼上，有一个特殊的时刻——优秀的毕业生代表总会和全体"和润"毕业生一起感谢教师在背后默默地支持与付出。那一刻，校园是动人的、沸腾的。

毕业，是初中生活的完美结束，更是高中生活的全新开始。毕业典礼温暖了师生的记忆，激励学子怀揣感恩之心，扬帆起航，追求卓越！

（二）我爱我友

如果说，毕业典礼是学生对于学校和老师的感恩，那么毕业班会则是和身边相互支撑一起奋斗的伙伴们难忘的留念。

在"相亲相爱一家人"毕业班会上，师生一起回顾初中三年的生活，讲述成长故事，重拾幸福记忆，憧憬美好未来。学生以不同角度讲述自己真实故事和成长经历。军训的挑战考验、长跑的刻骨铭心、科艺文体节的载歌载舞……三年的征途，带着梦想与期待，学生们一路携手走过，困难时相互支撑，疲惫时相互鼓励，成功时共享喜悦，失意时分担痛苦。

毕业班会后，学生流连教室，记下这个见证了自己成长的地方，记下每一个陪伴了自己三年的伙伴。难忘青春，难忘母校，说不出的是那一句"再见"。也许，这可能是初中班级的最后一次完整的相聚，但这绝不是终点，毕业学子们会带着"和润"理念，传递正能量，开启新征程。

学校走过60多年，德育也是在不断摸索中演进。某个新鲜概念的提出，固然是有前前后后的斟酌与调整，经过了几十年的经验积累与近20年的德育实践，里面有太多的创意与成功，也有不少偏差与教训。"和润"的德育概念其实是"和合共生"的校园文化背景下的产物。因此，我们更讲求合作，讲究策略，将德育工作分解成愈来愈细的环节、愈来愈科学的进程。虽然德育讲求"动之以情，晓之以理"，而常年/长期的实践告诉我们，情寓于行乃见，理寓于法乃彰。德育作为手段，我们的做法是从环境、制度、活动、课堂等多个维度，利用一个个德育团队，全方位地耐心耕耘，关注到个人，放眼到未来。德育不是一蹴而就、立竿见影，而是润物细无声，无声而有形、有行，在每一天的学习生活中学生都可以得到道德修养的培育、修正。不是一节课，不是一个人，而是每一门课、每一节课、每一个人都是德育的组成。每一个人的成长需要一群人的耐心陪伴，而一群人的成长需要一个大环境的长期浸润。

结 语

"和润"之后的"人润"

"和"与"润"既是德育的手段，也是德育的目的。也就是说，德育的目的是在学习中树德，在活动中锻炼，在合作中完善，于潜移默化之中让学生身心健康、心系家国、善于学习、善于合作、温润通达、和而不同。经过多年的探索与实践，我们坚信"和润"是德育工作的正确核心，我们深刻地体会到"和润"育人后的"人润"。

一、"和润"德育使我们静思

和润德育第一改变的是我们的教育观。教育不乏电闪雷鸣，不乏斗智斗勇。教师是"教书的匠人"，就要珍惜手中的工具与材料，尊重教育的规律与教训，因为教育既是一门科学、一种策略，更是一门艺术、一种智慧。教育的本质意味着一棵树摇动另一棵树，一朵云推动另一朵云，一个灵魂唤醒另一个灵魂。

有人说："人要向上走，心先向下沉。"作为德育工作者，我们都是静待花开的人，也是在一步一步浸润心灵的人。静下心来，观察学生，了解学生，我们会发现许多德育契机，也能发现许多德育奥秘。在"和润"德育下，仅2019年和2020年我们就有十多位教师的德育案例、论文、课题获得市区级一等奖。我们的校本课程"和润'V&E'实践课程"被评为区级中小学"滋养德育"精品课程。年轻教师，在"和润"德育的引领下，潜心研究，实践"和润"育人。

"和润"德育不仅培育了"和润"学子，还铸就了一个个静思精思、和合共生的"和润"德育团队，构建了一个有机成长的"三全"育人体系，在学校的发展过程中，德育工作一步步变成了每一位教师共同参与、勠力进取的大事，人人参与德育，人人获益德育。教师在德育中认识教育，学生在德育中快乐蜕变。这既是德育方面的"和合共生"，也是"润人"而"人润"最终理想的实现。

二、"和润"德育使我们美丽

首先是校园的美丽。这既是学校特色的内容和表现形式，又是"和润"特色涵养的氛围和环境。团队文化建设就是包容不同的学生，不求相同但求相融，不求共同但求共享，不求一致但求和谐，建立一种虽有不同但相互认同，亦即"和而不同"的价值目标体系。其中团队精神是核心文化。换位思考、共同承担、相互尊重、开放合作、真诚关怀是基本行为方式。

其次，是集体的美丽。朱光潜先生说："做学问，做事业，在人生中都只能算是第二桩事。人生第一桩事是生活。"我们的德育其实也是在教学生在集体中如何生活。与人为善、和而不同的校园文化、班级文化已然形成。我们对于"先进"的理解，绝不仅仅是表格上的分数，而是人的状态。先进是公平竞争争出来，齐心合力做出来的。因此，仅2017学年，学校被评为吴兴区优秀德育工作先进集体，同时有8个班级被评为市区级先进班集体。

最后，是个人的美丽。当我们看到"和润"学子的事迹，我们是否会心一笑？

　　每个无车日，地球熄灯一小时活动，一个提醒，一句倡议，总会成为我的口头禅；平日里，临睡前拔掉所有不需要的电源插头成了我改不掉的习惯；寒假里，我和同学在街道上、社区里，拿着一沓沓环保宣传资料，向每个人传递环保正能量……我的点滴成长，一件件小事后的美德永远是我的指向标。

　　今天去山上捡垃圾，明天和青川马鹿乡的同学们在网上聊聊天，后天去图书馆捐书，下个礼拜去……"帮助别人，快乐自己"是我的座右铭。我将继续传承美德，发扬美德，愿我的爱心日历永远充满一颗颗善心，愿我的爱心行程永远不间断！同时，我也会时时审视自己：做一个有道德的人。

——湖州市"美德少年"宁淳事迹

　　"草长莺飞二月天"，我早早起床，去为老人购买水果、零食和生活用品。在商店里，面对着琳琅满目的水果，我总要捧起来仔细看一看，认真挑选。忽然又考虑到较硬的水果不适合老人咀嚼，我便购买了些橘子、香蕉。在敬老院，我端着一盘盘水果和零食，亲手拨开果皮和包装纸，热情地拿给老人们。他们就像是我们的爷爷奶奶，我们也宛如他们的亲生孙儿。在一片期盼声与不舍的目光中，我们与他们惜惜告别。

　　当北风冰冷刺骨，寒冬逼近。我们冒着严寒，去毗山敬老院探望老人们。午饭过后，老人们要去清洗饭盒。天气寒冷，自来水从水龙头下哗哗直淌下来，打着漩涡流入管道。我们不忍心老人洗饭盒，便争先恐后地帮助他们清洗。我们的双手浸没在冰凉的水中，一手提起饭盒，在水龙头下冲洗；另一只手捏着抹布，在饭盒上擦洗。流水如刀刃一般在指尖、手掌上划过，我们的双手冻得红彤彤的，但没有停下休息。老人们在一旁夸奖着我们，他们的额头上漾起一层层波纹，但笑容灿烂、充满生气。我感受到了我们带给老人们的欢乐。

——湖州市"美德少年"洪元事迹

　　从小学一年级至今，他一直参加慰问织里镇福利中心的"敬老爱老"活动，和那里的爷爷奶奶结下了不解之缘，可以说他是那儿爷爷奶奶的"开心果"。刚入队的郑泽豪第一次跟高年级队员们一起去织里镇福利中心，当他看到爷爷奶奶在欣赏大哥哥大姐姐们带去的节目时眼里流露的疼爱、脸上洋溢着的笑容时，敬老爱老的种子就在他心里生根发芽了。从此以后，他每年都和队员们一起去看望那里的老人。每次去敬老院，他总是想方设法让爷爷奶奶们开心：一张亲手制作的贺卡、一首婉转悦耳的歌曲、一句温馨关切的话语，还有那声响亮的"爷爷奶奶好"，总能让老人们乐上一整天。升入初一后，虽然学习变得更加紧张了，但只要是去看望爷爷奶奶，他总会想着：要给爷爷奶奶表演什么节目，准备什么礼物。2014年他获得了市、区美德好少年的光荣称号，荣获了一枚浙江省"美德小达人"奖章，他还在第七届全国少代会开幕式上汇报过自己与敬老院爷爷奶奶们的小故事。

——浙江省"美德少年"郑泽豪事迹

三、"和润"德育使我们荣耀

　　最美的风景是人，最暖的地方是心。教师以学生的出色为骄傲，学生以母校的生活为珍藏。我们的德育，就是打造着彼此的归属感，这种归属感建立在日积月累的情感教育中。

　　"和润"师生讲爱国，更讲爱家、爱校、爱班级，越来越多的家长会和学生一起参与学校的活动。"和润"师生讲历史，更讲校史，校庆时从四面八方发来的祝福，让我们知道他们从来未曾走远。"和润"师生讲责任，更讲合作，每个人都有自己的位置，且都要发光发热。每个"和润"学子，都是父母的荣耀，是同行者的荣耀，也是学校的荣耀。

　　润，就是我们德育的特色，也逐渐成为我们的气质。就像一颗颗算盘珠经历起起伏伏、彼此亲密协作之后变得越发光润一样，我们也在人生的起起伏伏中彼此相识、相知、相助之后，变得温润通达，知进退、共荣辱。

　　润，也是我们德育的追求。我们的学生无论在学业上是否出类拔萃，他们都应有一种"温润如玉"的君子之风。

　　"和润"学子，对学校、家乡、祖国应该有其归属感、使命感；对自我应该有其自豪感，成就感；对他人应该有其亲近感、责任感。"和润"学子更独立，更自信，更自强，可以很快融入一个团队，也可以在一个团队中坚持自我，团结伙伴，共同成长，也就更懂得在合作中共赢共生、彼此悦纳，懂得在不断尝试中精益求精、百折不挠，懂得在未来不同的领域都可以温文尔雅、风生水起。

　　目中有人，方可知人；心中有人，方可润人。"和润"德育将不断学习，不断实践，不断总结，推陈出新，日臻完美。

图书在版编目（CIP）数据

和润德育 / 湖州四中德育团队编著. — 杭州 ：浙
江大学出版社，2021.10
ISBN 978-7-308-21577-0

Ⅰ．①和… Ⅱ．①湖… Ⅲ．①德育－教学研究－中学
Ⅳ．①G631

中国版本图书馆CIP数据核字(2021)第136563号

和润德育

湖州四中德育团队　编著

策划编辑	吴伟伟
责任编辑	马一萍
责任校对	陈逸行
封面设计	米　兰
出版发行	浙江大学出版社
	（杭州市天目山路148号　　邮政编码　310007）
	（网址：http://www.zjupress.com）
排　　版	杭州林智广告有限公司
印　　刷	杭州良诸印刷有限公司
开　　本	710mm×1000mm　1/16
印　　张	11
字　　数	177千
版 印 次	2021年10月第1版　2021年10月第1次印刷
书　　号	ISBN 978-7-308-21577-0
定　　价	48.00元